초등 임용 합격의 신

초등 임용 합격의 신

임용 2차 초고득점자의 합격 기술 3단계

초 판 1쇄 2024년 11월 08일

지은이 곽도연
펴낸이 류종렬

펴낸곳 미다스북스
본부장 임종익
편집장 이다경, 김가영
디자인 윤가희, 임인영
책임진행 김요섭, 이예나, 안채원, 김은진, 장민주

등록 2001년 3월 21일 제2001-000040호
주소 서울시 마포구 양화로 133 서교타워 711호
전화 02) 322-7802~3
팩스 02) 6007-1845
블로그 http://blog.naver.com/midasbooks
전자주소 midasbooks@hanmail.net
페이스북 https://www.facebook.com/midasbooks425
인스타그램 https://www.instagram.com/midasbooks

ⓒ 곽도연, 미다스북스 2024, *Printed in Korea*.

ISBN 979-11-6910-896-6 13370

값 21,000원

미다스북스는 다음세대에게 필요한 지혜와 교양을 생각합니다.

임용 2차 초고득점자의 합격 기술 3단계

곽도연 지음

초등 임용 합격의 신

The Secret of Winning a High Score

미다스북스

"교단을 향해 치열히 나아가는
모든 발걸음을 응원합니다.
잘하고 있고 반드시, 기필코, 해낼 겁니다."

The Secret of Winning a High Score

만능 자료 책갈피

자기 성장 소개서 예시 자료

전체 일정 계획표 & 양식

교직관을 형성하는 14가지 질문

심층 면접 소재별 답변 정리

심층 면접 소재별 서·결론 답변 정리

수업 실연 피드백 체크리스트

조건 아동 지도 방법 총정리

현직 교사의 수업 도구 정리

수업 실연 만점자의 만능틀

수업 나눔 소재별 서·결론 만능틀

영어 수업 실연 만능틀

영어 면접 만능틀

영어 면접 문제 모음집

교육용 영단어

추천의 글

남들과 다른 한 곳으로 진심을 전할 분들께 이 책을 추천합니다. 2차 시험 준비를 하다 보면 문득 '모두 다 같아지는데, 어떻게 차별성을 두지?' 하는 생각이 듭니다. 저자 덕에 저만의 한 곳을 만들어 차별성을 가진 면접을 완성할 수 있었습니다. 면접은 종이가 아닌 사람 대 사람과의 것입니다. 같은 답변 속에서 결과를 가르는 것은 바로 진정성입니다. 나만의 방법으로 면접관의 마음을 움직이세요.

모든 경우의 수에 가장 철저하게 대비하실 분께 이 책을 추천합니다. 완벽을 추구하기에 학교에서 다루는 모든 상황과 주제에 대처할 수 있는 자료가 필요했습니다. 자료 찾기에만 일주일을 쏟았을 정도로 양질의 자료를 원했기에, 저자의 책이 그에 꼭 맞는 자료임을 단언할 수 있습니다.

아는 선배가 없어 고민되시는 분께, 너무나 간절해서 제일 효율적인 방법을 찾는 분께 이 책을 추천합니다. 혹자는 2차 시험의 막막함에 빠르게 감을 잡고자 경험이 있는 분들과 스터디를 하기도 합니다. 그러나 알려 줄 사람이 곁에 없다면 지름길이 담겨 있는 지도와 함께하는 것만큼 효과적인 방법이 있을까 싶습니다.

막막할 때 우선 정독하세요. 2시간 뒤에 많은 것이 달라져 있을 것입니다. 도움을 넘어 롤모델이 된 저자분께 깊은 고마움을 전합니다.

2024 초등 임용 합격자 김 혜 성

임용고시 2차로 결과를 뒤집어 내고 싶은 모든 수험생에게 이 책을 추천합니다. 저는 곽도연 선생님에게 멘토링을 받고 2차 98.xx 점을 받아 2024 초등 임용고시에 합격한 멘티입니다. 초등 임용고시 2차는 단순 암기 시험이었던 1차와 달리 깊이 있는 교육관과 명확한 현장 이해도를 요구하기에 수험생들이 큰 어려움을 겪습니다. 때마침 대학교에서 진행하는 2차 멘토링에 참여하여 곽도연 선생님을 뵙게 되었습니다. 2차 면접을 준비하는 모든 과정에서 곽도연 선생님의 도움이 절대적이었습니다. 수많은 도움들을 응축하여 나열해 보자면 다음과 같습니다.

첫째, 모든 틀에 적용하기 쉬운 자료를 제공해 주셨습니다. 임용고시는 매해 시험의 스타일과 주제가 확확 바뀌기에 변형된 주제와 틀에서 사용할 수 있는 임기응변 능력과 만능틀 2가지가 준비되어야 합니다. 그 중, 전 만능틀 부분에서 많은 도움을 받았습니다. 멘토 선생님께서 제공해주신 만능틀을 스터디를 하며 제 입맛에 수정하며 사용하였고 이를 통해 수업 실연과 나눔에서 고득점이 가능하였습니다. 만약 곽도연 선생님의 만능틀이 없었다면 면접 준비 기간 중후반까지도 수업 실연과 나눔에 큰 어려움이 있었을 것이라 예상됩니다.

둘째, 면접 전반의 디테일을 완성시켜 주셨습니다. 면접은 글씨가 아닌 나의 말투, 속도, 행동, 답변 등 순간의 모습들로 점수가 매겨지는 방식의 시험입니다. 곽도연 선생님에게 받은 멘토링에서 알게 된 면접의 디테일을 스터디원과 함께 체크하였고 나날이 '갖춰진 교사'의 품을 형성하며 면접에 자신감이 붙었습니다. 본 책의 다양한 팁을 스터디 원들과 체크리스트 형식으로 체크하면서 면접의 자세를 고쳐 나간다면 고득점이 충분히 가능할 것으로 보입니다.

셋째, 현장에서 사용하는 용어를 빠르게 습득하였습니다. 교대생 대부분은 학교에서 교육학에 대한 지식을 얻습니다. 하지만 면접은 '학교 현장에 곧바로 투입될 수 있는 사람'을 뽑습니다. 따라서 전문적인 교육학 지식을 포함해 학교에서 이뤄지는 교육활동 용어에 대해 잘 알고 있어야 합니다. 전 이 부분을 멘토 선생님의 자료와 멘토링을 통해 빠르게 흡수할 수 있었고, 적절히 면접에 녹여 면접 고득점을 이루게 되었습니다.

제가 받았던 이러한 도움들을 더 업그레이드하여 제작된 이 책은 수험생 여러분에게 더한 도움이 되리라 생각합니다. 면접의 체계적 준비와 현장 이해도 향상을 통해 임용고시 최종 합격을 이뤄 낼 모든 분들에게 이 책을 강력 추천합니다.

2024 초등 임용 합격자 배 규 환

교권 추락 시대에 교사를 희망한다고? 왜? 외적인 유혹이나 사회적 인식에 흔들리지 않고, 직업으로써 교사를 선택하려는 게 아니기 때문입니다. 그래서 그들이야말로 '찐'교사가 될 거라 믿어 의심치 않습니다. 곽도연 선생님은 어렸을 때부터 줄곧 교사가 되기를 바라고 긴 시간 치열하게 교직관에 대해 고민해 왔습니다. 교생 시절 만나 2년 차 현직 교사가 되어 살아가는 곽도연 선생님을 옆에서 지켜보니 얼마나 많은 생각과 고찰을 해가고 있는지를 몸소 느낍니다. 이런 곽도연 선생님의 아낌없는 노하우가 임용고시라는 관문을 잘 통과하게 도와줄 거라는 것을 굳게 믿습니다. 면접에서는 고민의 깊이와 노력의 시간이 고스란히 드러나기 때문입니다. 제가 한창 교직에 대한 회의감이 차오를 때 우리 반에 교생으로 와 가르치는 것에 대한 기쁨을 다시 일깨워 준 선물 같은 존재 곽도연 선생님. 이 책은 임용고시를 준비하고 나아가 교직에 대해 치열하게 고민하고 있을 후배 교사들에게 한 보따리의 선물이 될 거라고 생각합니다. 책을 통해 임용고시 합격의 성취와 강인한 교직관을 다지기를 응원합니다.

현직 교사 정 슬 기

프롤로그

개같이 힘든 수험생활이다.

(품위 있는 초등교사지만, 임용고시를 정의할 만한 적합한 단어가 이것밖에 떠오르지 않는다)

나름 단단한 자존감과 무던한 멘탈을 사수해 왔다고 자부했는데도 미친 듯이 불안하고 극단적이게 된다. 1차 시험을 준비하며 '이게 맞냐?'라는 질문을 수없이 던졌고, 돌아오는 대답이라곤 '그냥 해라' 밖에 없었다. 면접관들조차 명확한 시험 범위를 특정하지 못하는, 유치와 중등 사이에 껴서 모든 범위를 아울러야 하는, 거지 같은 1차 시험을 어찌저찌 완주했더니 기다리고 있는 건 '응 년 교생실습밖에 현장 경험이 없지만 전문성 있는 정책 분석과 수업 실연을 해봐.'라며 현장 교사들도 멘붕이 오는 조건을 던지는 2차 면접이다. 심지어는 '고사장 편차'라는 미친 변수를 곁들인…….
내가 이 임용고시를 보려고 고등학교 때 이 악물고 내신과 수능 공부를 했구나 싶다. 득도와 해탈의 경지에 다다른다.

하지만 어쩌겠냐. 해야지. 견뎌야지. 해야 한다. 자꾸 우울이 나를 잠식하는 것이, 이유 모를 화가 치미는 것이 이상한 것이 아니다. 내가 약해서가 아니다. 노력하고 있어서, 애쓰고 있어서, 모든 걸 쏟고 있어서 그런 것이다. 감히 말해주고 싶다. 잘하고 있다.

당신은 지금 자신의 모습이 싫을 수 있겠지만, 언젠가 지금의 모습을 애틋하고 어여쁘게 바라보게 될 날이 온다. 그러니 조금만. 조금만 더 힘을 내서 완주해 보자. 정말 직전까지 왔다. 그토록 바래 왔던 임용의 끝과 교직의 시작. 한 발짝 전에 당신은 서 있다. 남은 시간을 이 책과 함께 차근차근 임용 2차 성공 신화에 가까워져 보자!

이 책에는 임용고시 2차를 전략적으로 깊이 있게 준비하는 방법들을 담았다. 몇 년째 선배들로부터 내려오는 지루한 만능틀을 나만의 특색 있는 만능틀로 변환하는 법. 면접을 좌지우지하는 교직관을 형성하는 깊이 있는 고민의 시간. 스터디 전략적 활용법. 2차 면접 준비를 교직 시작 세팅의 도구로 활용하는 법. 경험자와 실제 면접관이 말하는 고득점의 기술. 당신의 면접을 업그레이드할 모든 조언과 전략을 응축하여 담았다.

이 책은 임용이 처음인 당신이 외롭지 않게, 지치지 않게 함께 걸어줄 동지이다. 인내의 시간이 고단할 당신에게 책을 통해 전해지는 나의 목소리가 감히 큰 힘과 위로가 되길 소망해 본다. 직접 경험해 본 자만 아는 치열하고 외로운 싸움인 임용. 이 전략서와 함께 그 임용에서 승리를 쟁취하길 바란다.

자, 이제 마지막 힘을 쥐어짜 전진할 시간이다. 가 보자.

목차

임용 2차 합격의 1단계 : 심층 면접

1. 면접 엔진을 뜨겁게 가열하라

2. 교직 이해도를 쌓아 심층 면접을 정복하라

임용 2차 합격의 2단계 : 수업 실연

1. 친절하고 현명한 교사상으로 수업 실연을 찢어라

2. 논리적인 수업 나눔으로 수업 실연을 완성하라

임용 2차 합격의 3단계: 영어 면접

1. 근거 있는 자신감으로 영어 수업을 실연하라

2. 정확한 답변으로 영어 면접을 완수하라

임용 2차 초고득점자의 시크릿 노하우

현직 교사가 추천하는 업그레이드 도구 모음집

2차 면접 D-3 당신에게 필요한 이야기

임용 2차 합격의 1단계 :
심층 면접

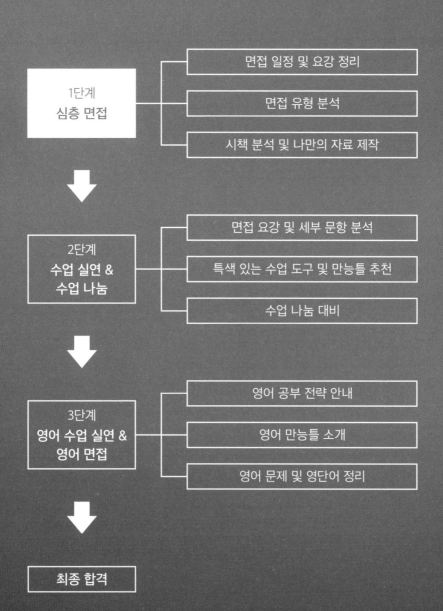

1단계에 들어가기 전 꼭 알아야 할 이야기

모든 공부는 목표와 전략을 세우고 시작해야 한다. 무의미한 스터디, 형식적인 시책 공부는 불합격으로 직행하는 지름길이다. 실력 향상에 전폭적인 도움이 되는 스터디, 깊이 있는 개인 공부법을 위한 전략을 1단계에 담았다. 이 책을 100% 활용하기 위한 청사진을 아래에 제시한다.

1. 시험을 완전히 돌파하기 위해서는 시험의 목적성, 출제자의 의도, 유형을 정복해야 한다.
2. 면접 준비가 처음인 초보자여, 성공한 경험자의 조언을 활용하라.
3. 1배수에 가까울수록 주어진 시간을 남들보다 효율적으로 활용하는 전략을 세워야 한다.
4. 면접은 '나'를 드러내는 시험이다. 면접관을 설득하는 나만의 가치관을 확립하라.
5. 현직 교사가 제작한 양질의 자료를 활용하여 나만의 자료를 제작하라.

앞의 내용을 책을 통해 하나씩 클리어하며 면접을 준비한다면 단언하건대 당신은 2차 면접 뒤집기 성공 신화를 이루어 낼 것이다. 1단계 챕터를 통해 앞의 내용을 완수해보자.

1.
면접 엔진을 뜨겁게 가열하라

–

"1차 시험 후, 몸도 마음도 지친 당신.
쉼이 불안하다면 호흡을 가다듬으며 이것부터 시작하라."

The Secret of Winning a High Score

제출 서류 및 면접 일정 한 방 정리

1차 시험 후 모든 에너지가 털렸을 것이다. 최소한 일주일 정도는 푹 쉬면서 소진한 연료를 보충하는 것이 좋겠다. 맛난 것도 먹고, 바람도 쐬고, 그간 하지 못했던 일들을 하라! 아무것도 안 하는 것도 좋다! 하지만 아무것도 안 하다 보면 '이래도 되나?' 싶을 것이다. 그래서 또 다른 질주를 위해 엔진을 가열해 놓는 방법을 소개하고자 한다. 쉬면서 불안을 누르고 쉼을 정당화하는 방법이자, 나중에 액셀을 밟을 때 빠르게 가속도를 낼 수 있는 준비 단계를 제시한다.

2차 면접 전 제출 서류 중 하나인 자기 성장 소개서 작성 요령과 면접의 근간이 되는 교직관을 수립하는 방법들을 담아 냈다. 쉼과 공부에도 선택과 집중이 필요한 시기에 제출 서류를 찾아 헤매는 것은 너무 비효율적이다. 그래서 수험생들의 수고를 덜고자 제출 서류 준비 방법을 깔끔하게 정리했다. 또한, 성공적인 완주를 위해서는 목적지를 명확히 설정하고 질주의 과정을 미리 파악하는 것이 중요하다. 큰 그림을 이해하면 현재 내가 무엇을 해야 할지가 보이며, 목표를 가지고 나아가는 자는 그렇지 못한 사람들과 명확히 다를 것이다. 본격적인 스터디 돌입 전 전체적인 그림을 보며 감을 잡아 보자.

1. 2차 면접 전 제출 서류

1차 합격 시 제출해야 할 서류는 2가지이다.

2차 면접 전 제출 서류

구분		제출 서류 명	제출방법
공통		1. 자기 성장 소개서 1부	이메일
해당자	초등학교 교사 응시자	2. 전 학년 대학 성적 석차 증명서 1부 *반드시 총인원 수 대비 서열 석차가 기재된 것에 한함 - 졸업자는 전 학년 대학 성적 석차 증명서 - 졸업예정자는 4학년 1학기까지의 대학 성적 석차 증명서 - 3학년 편입생은 편입 이후 전 학기 대학 성적 석차 증명서	해당 시험장 직접 제출
		3. 대학 성적 석차 증명서 미발급 사유서(원본) 1부 [대학 발행]	
	병역 의무자	4. 주민등록초본(원본) 또는 병적증명서(원본) 1부 [병역 의무를 필한 자에 한함] - 주민등록번호 뒷자리 및 병역 사항 포함	
		5. 전역 예정 증명서(원본) 또는 군복무확인서(원본) 1부 [병역 복무 중인 자] - 원서접수 마감일이 현재 전역 예정일 6개월 이내에 있는 자	
	유치원/ 특수학교 교사 응시자	6. 신규 임용후보자 생활근거지 1부 (유치원, 특수교사 응시자에 한함)	

* 위는 2024학년도 공고-갱신되는 해당 연도 교육청 공고 참조 필요

1) 자기 성장 소개서

　자기 성장 소개서는 코로나 이후로 사라졌다가 2023 임용고시부터 다시 부활했다. 해당 자료는 심층 면접 즉답형 문제에 활용될 가능성이 있다. 2023 임용고시 때는 즉답형 문항 중 하나가 직접적으로 자성소에 대해 묻는 문제였다. 2024 임용고시 때는 자성소를 직접적으로 묻는 내용은 나오지 않았으나, 전체적으로 자성소 문제와 관련된 문제들이 문항 곳곳에 분산되어 제시되었다.

　다만, '자기 성장 소개서를 얼마나 잘 썼는가?'에 대한 질문보다는 '자기 성장 소개서의 내용을 정확히 숙지하고 있는가?', '자기 성장 소개서에 담긴 교직관과 수험생의 교직관이 일치하는가?' 정도의 진위 여부를 묻는 단순한 문제들로 출제된다. 때문에 너무 많은 시간을 투자하며 휘황찬란한 자성소를 위해 끙끙거리는 것보다는, 실제 자신의 경험과 교직관을 자연스럽게 녹이는 것을 추천한다.

　아래에 본인의 자기 성장 소개서(2023임용 합격자)와 2024 임용 고득점 합격자의 자기 성장 소개서를 첨부한다.

자기성장소개서

1) 미래 사회 변화에 따른 인재 육성에 적합한 교사의 역량은 무엇이며, 그러한 역량을 기르기 위해 어떤 준비를 하고 있는지 제시해 보세요.

교육은 '한 사람을 바꿈으로써 우리 사회의 미래를 변화시키는 힘'입니다. 미래를 선도하는 인재를 육성하기 위해 교사는 여러 역량을 지녀야 합니다.

이를 위한 교사 역량과 노력에 대해 말씀드리겠습니다. 첫째, **공감 능력**이 필요합니다. 미래 학교는 더욱 다양한 학생, 학부모들로 구성될 것입니다. 교사와 세대 차이가 나는 학생들, 다문화가정, 장애 학생 등과 상호작용하기 위해 공감이 필요합니다. 저는 중학교 때부터 **장애인 목욕 봉사**를 하고 있습니다. 살을 맞대고 거품을 튀기는 목욕 봉사를 통해 저는 다름을 포용하고 공감할 수 있게 되었습니다. 둘째, **변혁적 역량**입니다. 이는 격변하는 미래에서 휩쓸리지 않고 변화의 물결을 잘 타기 위함입니다. 새로운 가치를 창출하고, 책임감을 가지며, 긴장과 딜레마에 대응하는 변혁적 역량과 에듀테크에 대한 연구가 동시에 필요합니다. AI 튜터, 메타버스, VR 등으로 맞춤형 교육과 체험의 기회를 제공할 수 있습니다. 저는 이를 위해 **연구회와 교육 포럼들**에 참여하겠습니다. 여러 연구 사례들에 대해 토의하며 연구하는 교사가 되겠습니다. 셋째, **협력적 문제 해결 역량**입니다. 미래에는 심리적, 관계적으로 불안한 학생들이 더 많아질 것입니다. 정서불안, 자해 학생, 학교폭력 등 수많은 문제가 발생합니다. 하지만 이를 혼자 해결하는 것은 불가능합니다. 애정을 바탕으로 학생, 학부모와 대화하고, 선배 교사들과 협업함으로써 문제를 지혜롭게 해결할 수 있습니다. 지역사회 자원을 통해 폭넓은 지원을 제공할 수 있습니다. 저는 **또래 멘토링, 합창단, 댄스동아리**를 이끌며 소통과 협업을 실천했습니다. 지식 공유와 또래 상담을 하고, 각기 다른 개성을 지닌 다인원 예술동아리에서 존중과 소통으로 동아리를 발전시켜 나갔습니다. 갈등을 대화로 해결하는 경험을 통해 의사소통과 협업의 가치를 몸소 배웠습니다.

타고나는 감성적 측면에서 나아가 경험과 연구를 통해 공감 능력을 더욱 발전시키고, 변화의 흐름을 읽으며 바른 가치관과 기술에 대한 전문성을 지니며, 동료 교사와 함께 성장하는 교사가 되겠습니다.

자기성장소개서

1) 경기 교육은 모든 학생이 인성과 역량을 키워 가며 꿈을 실현할 수 있도록 자율, 균형, 미래와 함께합니다. 교사로서 학생의 인성과 역량을 신장할 수 있는 방안을 각각 하나씩 제시해 보세요.

저의 교직관은 "활짝 **웃으며 미래를 맞이하는 교육을 하는 것**"입니다. 이는 학생들이 능동적인 사회 주체로서 성장할 수 있는 교육을 의미합니다. 제가 경기 교육의 자율, 균형, 미래를 토대로 교사로서 학생의 인성과 역량을 신장할 수 있는 방안은 다음과 같습니다.

먼저 학생의 인성을 신장할 수 있는 방안은 **학급 다모임입니다.** 이는 학생들이 이야기하고 싶은 안건을 패들렛으로 수합한 뒤 1달마다 학급공동체가 모여 이야기하는 활동입니다. 이를 통해 학생들은 타인의 의견에 경청하고 자신의 의견을 효과적으로 표현하며 **상호존중의** 태도를 기르고, 공동체 구성원으로서 **책임감을** 함양할 수 있습니다.

다음으로 학생의 역량을 신장할 수 있는 방안은 **지역 연계 프로젝트 활동입니다.** 이는 학급 공동체가 직접 우리 동네의 특색 강화 방안 또는 문제점에 대한 해결책을 탐구, 실행, 성찰하는 교육 방안입니다. 예를 들어, 경기도 국립 농업 박물관에서 식물에 대해 탐구하고 우리 동네 농산물 홍보 영상을 제작하거나 우리 동네의 문제인 오염된 공기를 해결하기 위해 나무를 심는 프로젝트를 실행하고 성찰할 수 있습니다. 이를 통해 학생들은 미래 시민으로서 서로 협력하고 자기 주도적으로 배울 수 있다는 점에서 **협력적 문제 해결 역량과 자주적 행동 역량을** 기를 수 있습니다.

학부 시절, 저는 학생회 활동을 하였습니다. 이때, 코로나 상황에서 어린이날 행사 프로그램을 학생회 임원들과 함께 고민하여 Zoom에서 지역아동센터 아이들과 함께하는 **노란 목도리 만들기 프로그램을** 총괄하였습니다. 이를 통해 공동체 구성원 간 협력적 문제 해결과 개인의 책임감의 중요성에 대해 알게 되었습니다. 이러한 경험을 토대로 **자신이 속한 공동체에 대한 책임감, 상호존중을 토대로 타인과 협력하여 주도적으로 문제를 해결하는 역량을** 기르는 교육을 실현할 수 있을 것입니다.

제가 만약 경기 교사가 된다면, 학생들이 미래 사회에서 사람들과 소통하며 협력적으로 문제를 해결하는 인재로 성장할 수 있도록 지역사회와 연계한 교육과정을 운영하겠습니다.

2) 대학 성적 석차 증명서

대학 성적 석차 증명서는 '학교 내 무인 발급기 또는 각 학교별 인터넷 증명 발급 센터'를 활용하도록 한다.

학교별 인터넷 증명 발급 센터 링크

서울교대: snue.icerti.com	대구교대: dnue.webminwon.kr
경인교대: ginue.certpia.com	공주교대: kongju-e.certpia.com
춘천교대: cnue.certpia.com	진주교대: cue.certpia.com
광주교대: kwangju-e.certpia.com	전주교대: jnue.certpia.com
부산교대: bnue.certpia.com	청주교대: cje.certpia.com

※ 정부 24를 활용하면 서열 석차가 기재되지 않기 때문에 위 두 가지 방법을 활용하도록 한다.

2. 1, 2, 3일 차 면접 일정 및 시행 방법

면접 일정 종합 정리

날짜	면접 유형	평가 영역	배점	시간
1일 차	교직 적성 심층 면접 평가	교사로서의 적성, 교직관, 인격 및 소양	40	구상 시간: 15분 평가 시간: 15분
2일 차	수업 능력 평가 (수업 실연 및 수업 나눔)	교사로서의 학습 지도 능력과 의사소통 능력	50	구상 시간: 25분 수업 실연 평가 시간: 15분 수업 나눔 평가 시간: 10분
3일 차	영어 수업 실연	영어로 진행하는 수업 능력	5	구상 시간: 10분 평가 시간: 6분
	영어 면접	영어 의사소통 능력	5	평가 시간: 4분

* 세부적인 이동 및 시간 분배 요령은 뒤에서 다루도록 하겠다.

완주를 돕는 사이트 및 책 추천

도움이 되는 사이트를 추천하기 전 사이트에 접속하는 마인드를 먼저 강조하고 싶다. 1차 시험이 끝난 직후 정보를 얻기 위해 '에브리타임'이나 '초임공' 등의 페이지에 접속하는 수험생들이 많을 것이다. 하지만 백이면 백, 사이트에 접속하고 불안감만 커진다. 그러므로 내가 만약에 1차 시험 결과가 월등히 좋거나, 여러 어그로에도 흔들리지 않는 멘탈을 소유하고 있지 않는다면 해당 사이트는 과감하게 접속하지 않은 것을 추천한다. 본인도 불안감에 매일 분 단위로 애브리타임에 접속했었는데 결론적으로 유익한 정보는 아무것도 얻지 못하고 멘탈만 털렸었다.

하지만 양질의 자료가 있는 사이트와 책을 적절히 활용하고 나의 것으로 흡수한다면 큰 도움을 받을 것이다. 본인도 초반에는 면접 당일 나의 모습이 상상되지 않고 스터디의 방향성을 잡지 못하고 있었다. 이때 우수 실연 영상과 각종 블로그 면접 후기를 살피며 현장감을 많이 얻을 수 있었다. 주어진 자료를 잘 이용해서 나만의 무기로 만들어 내길 바란다.

1. 유튜브

유튜브에 '초등 임용고시 2차 면접 준비' 키워드를 검색해서 지속적으로 정보를 얻는 것을 강력 추천한다. 면접이기 때문에 현장감이 중요함으로 영상을 보는 것이 글보다 도움이 된다. 우수한 수업 실연 및 면접 답변 영상들이 다양하게 탑재되어 있어 좋은 실연 방법들을 많이 뽑아낼 수 있다. 우수 실연 및 면접 영상들 속 팁들을 어떻게 나만의 것으로 만들어 낼 수 있는지 고민하고 체화하는 것이 중요하다. 추가로 임용고시 2차 면접 당일 브이로그를 통해 현장 시뮬레이션을 돌리면 실제 면접 당일 덜 당황할 것이다.

2. 각종 블로그 및 인스타그램

인스타그램: **초등임용도쌤 d0__ssam**

블로그나 인스타그램을 통해서는 공유된 만능틀이나 영어 단어 자료 등을 받을 수 있다. 굳이 시간과 돈을 투자해 여러 자료의 숲에서 허덕이는 것보다는 나에게 정말 유의미할 것 같은 자료들을 취사선택할 것을 추천한다. 하지만 해당 사항은 기본 기틀을 마련한 뒤 살을 붙이는 작업임으로 선택적으로 진행하면 된다. 저자의 인스타그램을 통해서도 임용고시 2차와 관련한 자료들을 나눔 받을 수 있다. 파일 형태의 나눔이니 무료 나눔에 참여하여 양질의 자료를 얻어 가도 좋다.

3. 사이다

경기 교육 시책에 대해 가장 깔끔하고 상세하게 정리되어 있는 책이다. 해당 책만 완독하고 나의 것으로 정리한다면 심층 면접 답변은 크게 무리가 없을 것이다. 다만 그냥 눈으로 읽는 것이 아닌, 제시된 정책을 어떻게 나의 교실에 적용할지 방법들을 함께 생각하고 정리해야 한다.

4. 하이패스

기출 문제 및 우수 답변을 제시하는 서적이다. 채점 기준과 문제 분석 팁들을 제공하는 괜찮은 책이다. 해당 책을 본 스터디 주교재로 활용하였다.

5. 교대 컨설팅 문제/직접 만든 문제지

　기출 문제를 돌리는 것이 끝나면 새로운 문제를 찾게 된다. 하지만 양질의 사설 문제를 찾는 것은 쉽지 않다. 비교적 교대 컨설팅 문제들은 교수진과 전 임용 면접관들이 합심해 만들기 때문에 현장 경향성을 반영한 양질의 문제이다. 본교에서 주어지는 컨설팅이나 강의를 적극 활용하라. 또한 기출과 컨설팅 문제에 올해 핫한 주제들을 적용하여 스터디 원과 문제를 직접 만들어 보는 것도 매우 추천한다.

성공적인 스터디 구성법

임용 1차와 다르게 2차 면접은 혼자 준비할 수 없다. 스터디를 통해 실전 연습과 자료 정리를 함께해야 한다. 면접 고득점의 추진력을 더하는 엔진오일과 같은 존재가 스터디이다. 단언컨대 본인도 스터디가 없었다면 절대 면접 준비 완주도, 면접 초고득점도 이뤄 내지 못했을 것이라고 확신한다. 그만큼 방대한 자료 정리, 면접 초고득점을 향한 전략적 회의, 멘탈 케어까지 모든 기능의 중심이 되는 것이 스터디이다. 성공적인 스터디 구성을 위한 절차를 제시한다.

1. 스터디 형태의 종류

스터디 구성원을 선택하는 방법은 두 가지이다. 두 방법에는 명확한 장단점이 있다. 장단점을 잘 분석해보고 본인에게 더 잘 맞는 스터디를 잘 선택하길 바란다.

1) 마음이 맞는 친구들과 하는 방법

장점

✏ 이미 나를 알고 있기 때문에 나의 장점을 극대화하고 단점을 낮추는 조언을 해 준다.

✏ 시간을 유동적으로 활용할 수 있다.

✏ 실연 시 편한 사람들 앞에서는 더 답변이 잘 나온다.

✏ 즐겁게 으쌰으쌰하거나 우울할 때 함께 멘탈 케어를 할 수 있다.

단점

✏ 편하기 때문에 스터디의 긴장감과 추진력이 풀린다.

✏ 유동적으로 시간을 조정하다 해야 할 것들을 못한다.

✏ 실전 면접에서의 긴장감이 점점 줄어든다.

✏ 예민한 시기에 잘못하다가 친구를 잃을 수 있다.

2) 초면인 사람들과 하는 방법

장점

✏ 해야 할 것에만 집중하게 된다.

✏ 잡담이 없기 때문에 스터디 시간이 효율적으로 운영된다.

✏ 새로운 나의 장단점을 스터디원의 피드백을 통해 발견하게 된다.

✏ 좋은 인연을 만날 수 있다.

✎ 어색함으로 인해 처음에 수업 실연과 면접을 하기 부끄럽다.

✎ 시간의 유연한 조정이 껄끄럽다.

✎ 스터디원에게 멘탈적으로 의지하기 어렵다.

✎ 피드백을 할 때 전달 방식에 따라 기분이 나쁘거나 자신감이 떨어질 수

있다.

* 위 내용은 지극히 개인적 소견이며 현명한 사람이라면 단점은 줄이고 장점을 극대화하는 스터디로 이끌어 갈 수 있을 것이다. 각 방법에 대해 개인이 느끼는 장단점의 크기는 모두 다르다.

2. 스터디 개수

본인은 스터디를 다음과 같이 총 3개로 운영하였다.

1) 영어 아침 스터디(1:1)

✎ 운영 시간: 7:50~8:00

✎ 활용 방법: 영어 면접 문항 답변(인당 각 5분씩 4문제에 대해 답변)

2) 본 스터디(4인)

✎ 운영 시간: 9:00~16:00

✎ 활용 방법: 심층 면접, 수업 실연, 영어 면접 전체 스터디

해당 스터디를 순차적으로 운영하다 마지막 2주간은 3개의 다른 스터디 그룹과 연계하여 크로스 스터디를 운영했다.

3) 서브 스터디(1:1)

✎ 운영 시간: 18:00~21:00

✎ 활용 방법: 본 스터디 당일 피드백을 적용하여 심층 면접, 수업 실연 한 번 더 연습, 시책 공부 정리 및 자료 공유

3. 스터디 세부 운영 방법

1) 영어 아침 스터디(★★★★★ 강추!)

✎ 구성원: 아무나 1명

나와 영어 수준이 비슷하거나 조금 더 우수하면 좋다. 그러나 실력 차이는 크게 상관없다.

✎ 스터디 내용: 영어 면접 문항 답변

✎ 스터디 운영 방법: 스터디 시작 전 각자 다양한 소재로 영어 면접 질문을 각출한다. 절반씩 나눠서 해서 수고가 덜어진다. 취합한 질문을 서로 반대 방향으로 답변한다. A는 첫 번째 문항부터, B는 마지막 문항부터 답변한다.

✎ 스터디 운영 시간: 일과 중 버리는 시간 아무 때나 10여 분. 본인은 기

상 알람으로 활용했다.

2) 본 스터디(필수)

🖋 구성원: 앞의 스터디 구성 방법을 참고하여 취사선택한 4인

🖋 스터디 내용: 심층 면접, 수업 실연, 영어 면접 실전 연습 및 정보 공유

🖋 스터디 운영 방법

　1주 차: 만능틀 제작 및 공유, 심층 면접 소재 분석 및 시책 정리. 각자 영역을 나누어서 취합하면 수고가 덜어진다.

　2~3주 차: 4인이 함께 심층 면접, 수업 실연 모의 연습 무한 반복

　4~5주 차: 2인이 함께 심층 면접, 수업 실연, 영어 수업 실연 영어 면접 무한 반복

　6~7주 차: 다른 스터디와 연계하여 4인으로 크로스 스터디 운영

🖋 스터디 운영 시간: 스터디 원들과 상의하여 스터디 룸 대여 시간에 맞춰서 진행.

　많은 시간이 투자된다. 시간이 너무 많이 걸린다고 조급해하지 말 것. 스터디 중 나누는 대화와 피드백은 나의 해당 사항이 아니더라도 유익한 내용이니 잘 기억할 것.

3) 서브 스터디(선택, 개인 공부가 어려운 사람일수록 추천한다)

✎ 구성원: 가장 마음 맞는 친구 1인. 본 스터디 구성원 중 한 명이면 더 좋다.

✎ 스터디 내용: 본 스터디 피드백 즉각 적용하여 심층 면접, 수업 실연 1번 더 빠르게 돌리기, 시책 공부 캠 스터디

✎ 스터디 운영 방법

저녁 식사 후 퍼지는 것을 방지하기 위한 스터디

당일 피드백을 그대로 적용하여 장기 기억화하기 위해 심층 면접 및 수업 실연 빠르게 1회독 한다.

막판에 시책 공부로 인해 시간이 촉박하다면 수업 실연은 구상지 작성으로 대체 가능하다.

면접 당일 D-1 각 고사장 근처 숙소에서 머물 때 캠을 켜고 마지막까지 면접 연습 진행한다.

✎ 스터디 운영 시간: 본 스터디 이후 저녁 먹은 후, 주말 등 수시로 운영한다.

전체 일정 계획 짜는 법 & 양식

계획은 튼튼한 건물을 짓는 설계도면이다. 지치지 않고 목표를 향해 직진하기 위한 전체 계획을 세워 보자! 계획을 이루어 냈다는 사실은 성취감을 준다. 차곡차곡 쌓인 성취감은 실전에서 '준비된 교사'라는 자신감으로 드러난다. 동시에 준비 과정 중에 나를 지치지 않게 하는 추진력이자, 쉼의 시간을 적절히 배치할 수 있는 전략이 된다. 편안한 쉼과 힘찬 나아감, 두 마리의 토끼를 잡아내며 나만의 적절한 계획을 세우기를 바란다.

전체 일정 계획표

	월	화	수
*색깔 별 스터디 구분 **분홍색**: 본 스터디(4인) **파랑색**: 서브 스터디(1:1) **초록색**: 영어 전화 스터디(1:1) **검정색**: 개인 공부			
1주차	**11월 14일**	**11월 15일**	**11월 16일**

• 휴식
• 교직관 적립하기
• 전년도 공고 보며 일
  정 확인 및 자료 정리
  하기
	온전한 휴식	온전한 휴식	온전한 휴식

2주차	**11월 21일**	**11월 22일**	**11월 23일**

• 만능틀 초안 제작
• 시책 공부
• 심층 면접/수업
  실연 일단 부딪히기
	• 시험 유형, 시간 등 살
	  펴보기
	• 스터디 시작 전 답해
	  야 할 질문 답해 보기
	  (교직관 등)
		• 수업 실연 만능틀 제
		  작(무한 수정 예정이
		  므로 완벽할 필요X)
			• 수업 실연 만능틀 초
			  안 완성
			• 시책 공부 시작

3주차	**11월 28일**	**11월 29일**	**11월 30일**

• 기출 돌리기
  (심층 & 수실, 수나)
• 시책 공부
• 영어 질문 뽑기 &
  단어 암기
• 영어 기상 스터디 시
  작
• 영어 만능틀 제작
	• 경기 2020 기출
	  (수실/심층)
	• 영어 스터디 원과 영
	  어 면접 질문 각출
	• 시책 공부
	• 영어 단어 암기
	• 만능틀 수정
	• 스터디 피드백 정리
		• 경기 2019 기출
		  (수실/심층)
		• 영어 스터디 원과 영
		  어 면접 질문 각출
		• 시책 공부
		• 영어 단어 암기
		• 만능틀 수정
		• 스터디 피드백 정리
			• 영어 기상 스터디
			• 경기 2018 기출
			  (수실/심층)
			• 시책 공부
			• 영어 단어 암기
			• 만능틀 수정
			• 스터디 피드백 정리

4주차	**12월 05일**	**12월 06일**	**12월 07일**

• 영어 수실 & 면접
  실전 돌리기 시작
• 영어 본 스터디 시작
*서브 스터디 수실/심층은
본 스터디에서 아쉬웠던
답변들, 피드백 많았던 답
변들 뽑아서 재도전
	• 영어 기상 스터디
	• 서울 2022 기출
	  (수실/심층)
	• 2022 기출(영어)
	• 수실 실연
	• 시책 공부
	• 영어 단어 암기
	• 만능틀 수정
	• 스터디 피드백 정리
		• 영어 기상 스터디
		• 서울 2021 기출
		  (수실/심층)
		• 2021 기출(영어)
		• 심층 실연
		• 시책 공부
		• 영어 단어 암기
		• 만능틀 수정
		• 스터디 피드백 정리
			• 영어 기상 스터디
			• 서울 2020 기출
			  (수실/심층)
			• 2020 기출(영어)
			• 수실 실연
			• 시책 공부
			• 영어 단어 암기
			• 만능틀 수정
			• 스터디 피드백 정리

목	금	토	일
		11월 12일	**11월 13일**
		초등 임용고시 1차	온전한 휴식
11월 17일	**11월 18일**	**11월 19일**	**11월 20일**
온전한 휴식 + 교직관 슬쩍 생각해 보기 + 전년도 임용 2차 공고 읽어 보기	불금 즐기기	주말 중 시간 짬 날 때, ① 선배들 자료/만능틀 훑어보고 나에게 잘 읽히는 자료들 골라 놓기 ② 시책 정리 자료 취합해 보기(이해할 필요 없음. 가독성만 좋게 정리해 놓기) ③ 스터디 원 구성하기(본 스터디)	
11월 24일	**11월 25일**	**11월 26일**	**11월 27일**
• 경기 2022 기출 (수실/심층) • 시책 공부 • 만능틀 수정 • 스터디 피드백 정리	• 경기 2021 기출 (수실/심층) • 시책 공부 • 만능틀 수정 • 스터디 피드백 정리	• 시책 공부 • 체력 보충 & 휴식	• 시책 공부 • 체력 보충 & 휴식
12월 01일	**12월 02일**	**12월 03일**	**12월 04일**
• 영어 기상 스터디 • 경기 2017 기출 (수실/심층) • 시책 공부 • 영어 단어 암기 • 만능틀 수정 • 스터디 피드백 정리	• 영어 기상 스터디 • 경기 2016 기출 (수실/심층) • 시책 공부 • 영어 단어 암기 • 만능틀 수정 • 스터디 피드백 정리	• 수실 자료 만들기 • 심층 자료 만들기	• 수실 자료 만들기 • 심층 자료 만들기
12월 08일	**12월 09일**	**12월 10일**	**12월 11일**
• 영어 기상 스터디 • 서울 2019 기출 (수실/심층) • 2019 기출(영어) • 심층 실연 • 시책 공부 • 영어 단어 암기 • 만능틀 수정 • 스터디 피드백 정리	• 영어 기상 스터디 • 서울 2018 기출 (수실/심층) • 2018 기출(영어) • 수실 실연 • 시책 공부 • 영어 단어 암기 • 만능틀 수정 • 스터디 피드백 정리	• 수실 자료 만들기 • 심층 자료 만들기	• 수실 자료 만들기 • 심층 자료 만들기

5주차	12월 12일	12월 13일	12월 14일
• A조 크로스 스터디 운영 (월화: 2:2로 크로스, 수목: 다른 버전 2:2로 크로스, 금: 처음 버전 2:2로 크로스)	• 영어 기상 스터디 • 크로스 스터디 - 경인교대컨설팅문제 (심층, 수실) - 안 풀어본 영어 기출 • 심층 실연 • 시책 공부 • 영어 단어 암기 • 만능틀 수정 • 스터디 피드백 정리	• 영어 기상 스터디 • 크로스 스터디 - 경인교대컨설팅문제 (심층, 수실) - 안 풀어본 영어 기출 • 수실 실연 • 시책 공부 • 영어 단어 암기 • 만능틀 수정 • 스터디 피드백 정리	• 영어 기상 스터디 • 크로스 스터디 - 경인교대컨설팅문제 (심층, 수실) - 안 풀어본 영어 기출 • 심층 실연 • 시책 공부 • 영어 단어 암기 • 만능틀 수정 • 스터디 피드백 정리
6주차	12월 19일	12월 20일	12월 21일
• B조 크로스 스터디 운영 (월화: 2:2로 크로스, 수목: 다른 버전 2:2로 크로스, 금: 처음 버전 2:2로 크로스)	• 영어 기상 스터디 • 크로스 스터디 - 경인교대컨설팅문제 (심층, 수실) - 안 풀어본 영어 기출 • 수실실연 • 시책공부 • 영어 단어 암기 • 만능틀 수정 • 스터디 피드백 정리	• 영어 기상 스터디 • 크로스 스터디 - 경인교대컨설팅문제 (심층, 수실) - 안 풀어본 영어 기출 • 심층 실연 • 시책 공부 • 영어 단어 암기 • 만능틀 수정 • 스터디 피드백 정리	• 영어 기상 스터디 • 크로스 스터디 - 경인교대컨설팅문제 (심층, 수실) - 안 풀어본 영어 기출 • 수업 실연 • 시책공부 • 영어 단어 암기 • 만능틀 수정 • 스터디 피드백 정리
7주차	12월 26일	12월 27일	12월 28일
크리스마스 & 신년 주간 → 마음이 뒤숭숭하지만 쉼과 공부 병행하기! 완주가 얼마 남지 않았다!! 파이팅!!!!! • 처음에 준비되지 않았을 때 접했던 기출을 다시 풀어 보며 성장한 나를 체감하고, 최신 경향성에 대한 감 살리기	• 영어 기상 스터디 • 경기 2018 기출 (수실/심층) • 2018 기출(영어) • 수실 실연 • 시책 공부 • 영어 단어 암기 • 만능틀 수정 • 스터디 피드백 정리	• 영어 기상 스터디 • 경기 2019 기출 (수실/심층) • 2019 기출(영어) • 심층 실연 • 시책 공부 • 영어 단어 암기 • 만능틀 수정 • 스터디 피드백 정리	• 영어 기상 스터디 • 경기 2020 기출 (수실/심층) • 2020 기출(영어) • 수실 실연 • 시책 공부 • 영어 단어 암기 • 만능틀 수정 • 스터디 피드백 정리

12월 15일	12월 16일	12월 17일	12월 18일
• 영어 기상 스터디 • 크로스 스터디 - 경인교대컨설팅문제 　(심층, 수실) - 안 풀어본 영어 기출 • 수실 실연 • 시책 공부 • 영어 단어 암기 • 만능틀 수정 • 스터디 피드백 정리	• 영어 기상 스터디 • 크로스 스터디 - 경인교대컨설팅문제 　(심층, 수실) - 안 풀어본 영어 기출 • 심층 실연 • 시책 공부 • 영어 단어 암기 • 만능틀 수정 • 스터디 피드백 정리	• 스터디 피드백 반영 　해서 심층, 수실, 영어 　돌리기 • 시책 공부 • 휴식	• 스터디 피드백 반영 　해서 심층, 수실, 영어 　돌리기 • 시책 공부 • 휴식
12월 22일	**12월 23일**	**12월 24일**	**12월 25일**
• 영어 기상 스터디 • 크로스 스터디 - 경인교대컨설팅문제 　(심층, 수실) - 안 풀어본 영어 기출 • 심층실연 • 시책공부 • 영어 단어 암기 • 만능틀 수정 • 스터디 피드백 정리	• 영어 기상 스터디 • 크로스 스터디 - 경인교대컨설팅문제 　(심층, 수실) - 안 풀어본 영어 기출 • 수실실연 • 시책공부 • 영어 단어 암기 • 만능틀 수정 • 스터디 피드백 정리	• 스터디 피드백 반영 　해서 심층, 수실, 영어 　돌리기 • 시책 공부 • 휴식	• 스터디 피드백 반영 　해서 심층, 수실, 영어 　돌리기 • 시책 공부 • 휴식
12월 29일	**12월 30일**	**12월 31일**	**01월 01일**
• 영어 기상 스터디 • 경기 2021 기출 　(수실/심층) • 2021 기출(영어) • 심층 실연 • 시책 공부 • 영어 단어 암기 • 만능틀 수정 • 스터디 피드백 정리	• 영어 기상 스터디 • 경기 2022 기출 　(수실/심층) • 2022 기출(영어) • 수실 실연 • 시책 공부 • 영어 단어 암기 • 만능틀 수정 • 스터디 피드백 정리	휴식 및 힐링	휴식 및 멘탈 정리 • 전체 피드백 정리 • 유튜브 우수 실연 영 　상 찾아보며 시뮬레 　이션 돌리기 • 시책 프린트물 회독

면접 당일 주	01월 02일	01월 03일	01월 04일
• 최종 복습, 누적 피드백 내 것으로 만들기 • 서브 스터디 원과 전날까지 스터디를 통해 감 잃지 않기 • 자신감을 가지고 그동안 준비한 모든 것들을 쏟아붓고 오기	• 만능틀 최최최종 수정 • 누적 피드백 재점검 • 서브 스터디 원과 심층 면접, 수업 실연, 영어 면접 전체 1바퀴 돌리기 • 멘탈 정리 및 자신감 만땅 충전	<1일 차 준비> • 경기 시책 총정리 • 심층 면접 누적 피드백 재점검 • 서브 스터디 원과 마지막 심층 면접 zoom 스터디 • 멘탈 정리 및 자신감 만땅 충전	**2차 면접 1일차** <2일 차 준비> • 수업 실연 만능틀 복습 • 수업 실연/수업 나눔 자료 복습 • 수업 실연 누적 피드백 재점검 • 서브 스터디 원과 마지막 수업 실연, 수업 나눔 zoom 스터디 • 멘탈 정리 및 자신감 만땅 충전

01월 05일	01월 06일		
2차 면접 2일차 <3일 차 준비> • 영어 수업 실연 만능 틀 복습 • 영어 면접 만능 답변 복습 • 영어 자료 복습 • 영어 누적 피드백 재점검 • 서브 스터디 원과 마지막 영어 zoom 스터디 • 멘탈 정리 및 자신감 만땅 충전	**2차 면접 3일차**		

면접 준비 돌입 전 마인드 SET

　2차 면접은 1차 면접의 결과를 들고 임하는 시험이다. 1차 면접 때는 그냥 '잘하면 된다.'라는 자세로 임할 수 있었다면 2차 면접은 '1차 결과에 대한 수습'이라는 과제가 붙는다. 아마 1차 초초초고득점자가 아닌 이상 모든 수험생이 2차 면접의 변수에 크게 흔들릴 것이다. 말 한마디에 합불이 결정되는 만큼 그 부담은 극심해질 것이다. 특히 임용 1차는 0.8~1.2배수 사이에 수험생의 절반 이상이 몰려 있다. 더 웃긴 것은 이들의 점수 차이가 1차 시험 1~2문제 차이라는 것이다. 즉, 1차 0.8배수도 불합격이 될 수 있고 1.2배수도 합격이 될 수 있다. 이러한 사실은 수험생들을 무너지게 만들며 추진력을 잃게 만든다. 그러나 위로가 되는 사실은 '나만 그런 것이 아닌 것'이라는 사실이다.

　자, 당신은 어떤 선택을 하겠는가? 불안한 현실에 집중하며 움직이지 않겠는가? 아니면 남들보다 빠르게 정신을 차리고 단단한 멘탈을 다지며 한 걸음씩 나아가겠는가? '내가 합격할 수 있을까?'라고 자신을 의심할 시간에 '나는 어떤 교사가 되고 싶은가?'라는 의미 있는 고민을 하나라도 더

해라.

어쩌면 초고득점자들의 공통적 특징은 '그럼에도 불구하고 해낸 것'일 것이다. 모두에게 적용되는 변수에 연연하지 말고, 교단에 설 나를 꿈꾸며 해내라!

1. 2차 면접을 완주하게 할 '긍정 에어백' 장착하기

앞서 프롤로그에서 임용고시에 치가 떨리는 마음은 충분히 털어놓은 것 같다. 하지만 우린 주어진 시험에 응해 자격을 쟁탈해야 하는 수험생이다. 피할 수 없으니 어쩌겠는가. 조금이라도 긍정적인 요소를 찾으며 우울과 불안을 밀어내 보자. 스터디 이후 어둑한 밤 캠퍼스를 혼자 빠져나가며 숨이 턱턱 막힐 때, 나를 숨 쉬게 한 긍정의 합리화는 다음과 같다.

첫째, 꿈을 향해 노력할 수 있는 에너지를 지닌 내가 장하지 않는가라며 낭만의 흐린 눈을 장착했다.

둘째, 광기의 감사를 하기 시작했다. 임용고시를 볼 수 있는 자격이 주어졌다는 것만으로도 얼마나 다행인가. 몇 년 전 나는 이 교원자격증을 위해 대한민국 입시를 견뎌 냈다는 사실을 잊지 말자. 교대 입결이 떨어졌다 해도 고3 때의 나는 이 시험에 임하길 간절히 원하고 있었다. 아무것도 없는 빈털터리처럼 보이지만 나는 몇 년 전에 비해 손에 쥐고 있는 것이 생겼다. 감사하자.

셋째, 불안을 무시할 보험을 들기 시작한다. 떨어져도 본전이다. 졸업 후 취업이 어려운 현세대에 임용 초수 합격은 남들보다 몇 년을 앞서는 성취이다. 떨어져도 기간제를 하며 다시 준비하면 기간제 기간도 경력이 인정돼서 호봉은 비슷할 것이다.

넷째, 원동력을 찾는다. 나를 진정으로 응원하고 있는 나의 사람들. 교생 때 경험했던 교육이 주는 감동과 울림. 내가 이 일을 하겠노라고 다짐했던 신념. 내년에 학교를 거닐며 학생들과 웃고 있을 나의 모습. 그토록 존경했던 선배 교사들과 같은 교단에 선다는 짜릿함.

이 정도로 여드름의 마지막 진물을 짜듯 긍정적인 요소를 쥐어 짜내다 보면 헛웃음이 나오기도 한다. 합리화, 현실도피라고 치부될 수도 있겠지만 아이러니하게도 내가 임용을 버텨 낸 힘은 여기서 나왔다. 정신 승리가 필요한 임용 완주에서 이 정도 합리화와 흐린 눈은 꽤 도움이 된다. 그리고 시간이 지났어도 나름의 근거 있는 합리화였다고 생각이 들기도 한다. 적어놓고 보니 억지스럽다고 느껴질 수도 있겠다 싶다. 꿈을 위해 애쓰는 당신이 애틋해서 조금이라도 힘과 위로가 되고 싶은 임용 동지의 마음이니 어여삐 받아 주시길.

2. 면접과 교사 생활의 테마, 교직관 설정하기

임용 2차에 대한 이해와 스터디 구성이 어느 정도 끝났다면, 이제 기초 작업을 해야 할 차례이다.

임용고시 1차가 '가르칠 내용에 대한 지적 준비도'를 물었던 시험이라면, 임용고시 2차는 '예비 교사의 교육관, 정책 이해도, 수업 전문성'을 묻는 시험이다.

즉, 교육 정책에 대한 질의와 수업 실연을 통해 '당신은 좋은 교사인가?' 를 전반적으로 묻겠다는 것이다. 여기서 '좋은 교사'는 도덕적 가치관을 가진 교사, 전문성을 지닌 교사, 열정과 사명을 가진 교사 등 다양한 교사상이 제시될 수 있다. 그러므로 제한된 시간 안에 면접관에게 자신을 어필하고, 빠르게 답변하기 위해 기본적인 세팅이 필요하다. 같은 질문을 하더라도 여러분의 교직관에 따라 그에 대한 답은 천차만별로 달라질 것이기 때문이다.

나는 초등교사를 초등학교 때부터 꿈꿔 왔고, 교대 학부 4년의 시간 동안 나름 교직에 대해 오랜 시간 고민해 왔다고 생각했다. 하지만 '어떤 교사가 되고 싶은가?'라는 질문에 답하는 것은 쉬운 일이 아니었다. 내가 될 교사의 모습을 설정하고, 나의 교실의 모습을 구체화하는 시간이 다시 한번 필요했다.

어쩌면 이는 임용고시 2차 준비를 넘어서, 신규 교사로서 교직 생활의 첫 단추를 끼우는 일이리라. 이왕 준비하는 2차 시험. 덕분에 나의 교직 생활을 위한 기반 작업을 할 수 있는 기회라고 생각하자.

교직관에 정답은 없지만 분명, 더 나은 교직관은 있으리라고 생각한다. 자, 여러분의 교직 생활을 위해 다음 질문들에 답하며 나의 든든한 갑옷이 될 교직관을 구체화해 보자.

교직관을 위한 14가지 질문

1 나는 어떤 사람인가?

(주변 사람들에게 보여지는 또는 나 스스로 생각하는 나의 모습은?)

2 내 삶에서 가장 인상 깊었던 경험은 무엇인가?

3 나는 왜 교사를 꿈꿨는가?

4 나는 대학 시절 교직을 위해 무슨 노력을 했는가?

5 나의 교사상 형용사 고르기

친절한	친구 같은	단호한	지적인	성실한
전문성 있는	포기하지 않는	꿈을 찾아주는	인성을 길러주는	도덕적인
효율적인	다양한 경험을 제공하는	행복한 추억을 선물하는	변화의 씨앗을 뿌리는	아픔을 품어주는
활동적인	차분한	학생의 이야기를 잘 들어주는	든든한 버팀목이 되어주는	존경할 만한 어른이 되어주는

6 위 교사상 형용사를 고른 구체적인 이유나 경험을 정리해 보세요.

7 위에서 고른 교사상을 실현하기 위해 내가 할 수 있는 행동을 적어보세요.

8 내가 교사가 되고 싶은 이유는?

9 나의 장점은?

10 나의 장점을 교직에서 어떻게 활용할 것인가?

11 나의 단점은? 있다면 극복 방법은?

12 나의 단점을 교직에서 어떻게 활용할 것인가?

13 내가 좋아하는 교육 관련 명언은?

14 지금까지 내가 경험한 교육의 감동/성취/존재의미는?

1 나의 학생상 형용사 고르기

귀여운	어여쁜	생동감 있는	개구진	선한
주체적인	아름다운	정적인	영리한	성장 중인
수동적인	어려운	조용한	지적인	불완전한
도움이 필요한	예측불가한	역동적인	친근감 있는	사랑할 만한

2 내가 하고 싶은 교실 활동 선택하기

✎ 세금 내는 아이들(경제 금융 교실)

✎ 신문 활용 시사 교육(NIE 교육)

✎ 가치 중심 인성 교육

✎ 주제 글쓰기 활용 학급 문집 만들기

✎ 환경 교육

✎ 뮤지컬, 연극 교육

✎ 뉴스포츠 활용 학급 경영

✎ 학급 긍정 훈육법(PDC)

✎ 생명 존중 교육(자살 예방, 자아존중감)

✎ 온책 읽기, 릴레이 독서(문해력 교육)

✎ 특색 있는 미술 활동, 포트폴리오 제작

✎ 다문화 이해 교육, 국제 교류 프로그램

※ 앞의 내용은 해당 키워드를 유튜브나 인터넷에 검색하여 살펴보는 것을 추천한다. 현장에서 실제 핫하게 이루어지고 있는 교육들이며 해당 내용을 현장 이해도가 낮은 교대생이 언급한다는 것 자체만으로도 교육에 대한 깊은 관심과 전문성을 어필할 수 있을 것이다.

3 내가 교실에서 가장 중요하게 생각하는 가치는?

4 내가 세운 우리 교실의 규칙들은? 혹은 교훈은?

5 내가 학생들과 함께 외치고 싶은 수업 시작 전 구호는?

    (위 내용과 일맥상통하면 좋다)

6 나는 학급에서 발생하는 문제들을 어떤 방법으로 활용하고 싶은가?

    (상담/학급 다모임 및 회의/안건함/교사의 훈육 등)

2.
교직 이해도를 쌓아 심층 면접을 정복하라

"전문성과 논리로 무장해 면접관을 끄덕이게 만들어라."

The Secret of Winning a High Score

혼돈은 그만, 면접 구성 완벽 정리

심층 면접은 임용고시 2차 면접 1일 차에 진행된다. 이는 교직과 현장에 대한 이해도와 전문성을 평가하는 시험이다. 그렇다면 현장 경험이 없는 교대생이 어떻게 현장 이해도와 전문성을 증명할 것인가? 키포인트는 현장을 완벽하게 꿰뚫고 있는 것이 아닌, 교육청이 중요시하는 정책을 이해하고 함께 고민하는 적극성이다. 논리와 총명함으로 무장해 면접의 첫 단추를 잘 끼우기 위한 여정을 제시한다.

고사장의 문을 열고 들어가는 순간 머리가 새하얘진다. 정신을 차리고 주어진 시간을 잘 활용하기 위해서는 '루틴'이 필요하다. 심층 면접 진행 순서를 파악하고 시뮬레이션을 돌리며 면접장에서의 나의 행동을 체화하라! 또한 면접 구성과 배점을 바탕으로 전략을 세우는 것이 중요하다. 3일 동안 진행되는 여러 면접에서 우선순위를 정하고 지속적인 전략 수정을 통해 완벽한 면접을 성취하라!

1. 심층 면접 일정 및 배점

✏️ 일정: 1일 차

✏️ 배점: 40/100

✏️ 문항 구성: 구상형 3문항+즉답형 2문항

✏️ 구상 시간: 15분(구상형 3문항에 대한 구상)

✏️ 면접 시간: 15분(구상형 3문항+즉답형 2문항에 대한 답변)

　－ 시간은 수험자가 스스로 분배

* 평가 시간 15분 동안 수험자가 알아서 구상형 3문항과 즉답형 2문항에 대해 시간을 안배하여 답변한다. 구상형, 즉답형 문제 사이 시간 구분 안내는 없다.

2. 고사실 이동 및 배치

대기실		구상실(15분)		평가실(15분)	
~8:30 입실 관리 번호 추첨 및 대기	➡️ 개인 소지품 가지고 이동, 구상실 입실 시 개인 필기구 및 시계만 지참 가능, 나머지 옷이나 가방은 복도에 놓고 입실	구상형 3문항에 대한 구상, 문제지(연습지) 제공 *구상지에 작성한 모든 내용은 평가하지 않는다.	➡️ 개인 소지품 가지고 이동, 평가실 입실 시 문제지와 개인 필기구 및 시계만 지참 가능, 나머지 옷이나 가방은 복도에 놓고 입실		

평가실(15분) 세부:

1차 알림	시작령
2차 알림	시작령 기준 12분 뒤 종료 3분 전 알림
3차 알림	종료 알림

평가실 배치

1) 입실 시 인사 위치

인사를 하면 평가위원이 "교탁 옆 대기석에서 대기하고, 시작령이 울리면 답변석으로 이동하여 앉아주세요."라고 안내한다. 그럼 서서 끄덕이며 해당 내용을 잘 듣고 "감사합니다."라고 한 뒤 교탁 옆 대기석에 앉아 대기하도록 한다.

2) 답변 위치

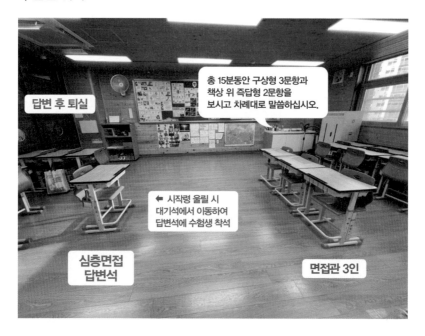

시작령이 울리면 평가위원이 "총 15분 동안 구상형 3문항과 책상 위 즉답형 2문항을 보시고 차례대로 말씀하십시오."라고 안내한다.

그럼 해당 내용을 들으며 교탁 옆 대기석에서 면접관과 마주하는 책상인 답변석으로 이동하여 앉으면 된다. 답변석 책상 위에는 즉답형 2문항에 대한 문제지가 뒤집혀져 놓여 있다. 구상형 3문항에 대해 답변한 후, 즉답형 문제지를 뒤집어 "잠시 즉답형 ○번 문제에 대해 생각할 시간을 가진 뒤 답변 드리겠습니다."라고 말한 뒤 짧게 생각 정리 후 답변하면 된다. 단, 즉답형 문제지에는 어떠한 필기도 할 수 없다.

구상형 답변을 마친 후 "이상입니다!"라고 구상형 문항 종료 표시를 한 뒤, 즉답형 문제지를 펼쳐 답변한다. 즉답형 문항을 모두 답변한 뒤에는 "이상입니다!"라고 심층 면접 종료 표시를 알린다.

알림은 ① 시작령 ② 시작령 기준 12분 경과 후 종료 3분 전 알림 ③ 종료령 순으로 울린다. 알림이 울릴 때는 잠시 말을 멈추었다가 자연스럽게 이어서 하면 된다. 답변은 무조건 종료령이 치기 전에 마무리 지어야 한다. 종료령 이후 답변은 채점되지 않는다. 시간을 반드시 잘 분배하여 답변 누락이라는 대참사가 생기지 않도록 해야 한다. 종료령이 친 이후 자리에서 일어나 인사 후 문제지를 평가실 감독관에게 제출한 뒤 퇴실한다.

* 평가 종료 시간 전에 모든 답변이 종료되면 조기 퇴실이 가능하다.
* 퇴실 시에는 답변석에 올려져 있던 즉답형 문제지는 그대로 답변석 위에 뒤집어 놓고 나온다.

변수를 차단하는 유형 분석

실제 본인이 심층 면접 구상형 문제를 구상실에서 펼쳤을 때 가장 먼저 뱉은 말은 '하….' 이 한마디였다. 매번 뒤통수를 때리는 심층 면접 문제이다. 하지만 우리는 뭐라도 해야 한다. 면접의 유형을 분석하고 풀이 공식을 세워 놓는다면 당황스러운 문제에서도 돌파구를 찾을 것이다. 예측 불가능한 면접 문제이지만 크게 유형을 나눌 수는 있다. 유형 분석을 통해 큰 그림을 그리고 변수에 대처하라!

1. 구상형

유형 1
시책 관련 그림이나 글을 첨부한 뒤 해당 내용에 대한 분석, 실천 방안 등을 요구하는 유형

다음 그림을 참고하여 경기 교육의 방향성을 교육적 관점에서 설명하고, 교사로서 이를 학급 차원에서 실현할 수 있는 방법을 교육과정 측면과 학급 경영 측면으로 나누어 이야기하시오.

우선 문제를 접하면 답변해야 할 내용을 빠르게 누락 없이 정리한다.

앞의 문항에서는 ① 경기 교육 방향성에 대한 교육적 관점에서의 설명 ② 이를 학급에서 실현할 수 있는 방법–교육과정 측면 ③ 이를 학급에서 실현할 수 있는 방법–학급 경영 측면 이렇게 총 3가지를 답해야 한다. 답변해야 할 내용을 누락하는 것이 가장 큰 감점이자 대참사이기 때문에 절대 답변 항목을 누락하지 않도록 주의 또 주의한다. **누락 방지를 위해 구상 시 답변해야 할 문제에 번호를 나누어 표시하는 것을 추천한다.** 그림이나 글이 나올 경우에는 반드시 제시된 내용을 빠뜨리지 않고 전체 다 활용하는 것이 좋다. **누락 방지를 위해 활용한 자료 및 키워드에는 체크 표시를 하는 것을 추천한다.**

해당 유형을 대비하기 위해서는 자료를 누락 없이 정확히 분석하는 연습을 반복해야 한다. 위의 자료에 대한 글뿐만 아니라 로켓 그림까지 활용해 버린다면 '풍부한 답변'과 '자료 분석의 정확성 어필'이라는 두 마리의 토끼를 다 잡을 수 있다. **또한 동시에 해당 정책을 내가 어떻게 활용할 것인지에 대해 정확히 답변할 수 있도록 항상 '정책–실천 방법'을 짝지어 공부하도록 한다.**

위 꿀팁을 모두 종합한 모범 답변을 제시한다. 다음 답변은 본인이 실전 면접에서 답변했던 내용이며 만점을 받은 답변이다.

현재 경기 교육은 자율, 균형, 미래라는 세 가지 가치를 방향 삼아 나아가고 있습니다. 제시된 그림을 참고하여 경기 교육의 방향성과 이를 실현할 수 있는 방안에 대해 설명 드리겠습니다.

본론

우선, 경기 교육의 방향성을 교육적 관점에서 설명한 내용은 다음과 같습니다. 첫째, 에듀테크 활용 교육을 추진한다는 것입니다. AI 활용 맞춤형 교육, 1인 1스마트 기기 보급, 디지털 시민성 교육, 디지털 교육 환경 구축 등의 주요 과제를 바탕으로 에듀테크 활용 교육을 실천하고 있습니다. 둘째, 학교와 교실에 국한되는 것이 아니라 지역 사회와 협력한 교육을 실현한다는 것입니다. 공유학교, 미래 교육 협력 지구, 지역 사회 협력, 지자체 협력 책임 돌봄 등의 정책을 통해 지역과 학교가 연계한 다양한 교육 활동들이 실현되고 있습니다. 경기 교육은 에듀테크와 지역 교육 협력이라는 두 가지 정책을 엔진 삼아 특색 있는 교육과정을 구상하고, 행복한 교실과 학교를 향해 나아가고 있습니다.

이러한 경기 교육의 방향성을 반영하여 예비 교사로서 이를 학급 차원에서 실현할 수 있는 방법을 두 가지 측면에서 말씀드리도록 하겠습니다.

우선, 교육과정 측면은 다음과 같습니다.

첫째, 에듀테크를 활용한 개인별 맞춤형 학습 및 기초 학력 강화입니다.

학생들의 수준을 분석해 주고 개인별 과제를 제시해 주는 AI를 적극 활용하여 한 교실 안에서 학생들이 자신에게 필요한 교육을 제공받을 수 있도록 하겠습니다.

둘째, 지역 사회와 협력한 문화, 예술, 체육 교육 및 진로, 직업 교육 실시입니다.

학교의 벽을 허물고 지역 사회의 다양한 인적, 물적 자원을 활용하여 학생들에게 다양한 경험을 제공하겠습니다. '지역 직업인을 활용한 진로 콘서트 개최', '지역 문화 센터를 활용한 공연 관람' 등을 교육과정 활동 속에 배치하겠습니다.

다음으로, 학급 경영 측면은 다음과 같습니다.

첫째, 에듀테크를 활용한 소통의 장 마련 및 인성 교육입니다.

학생들의 감정을 파악하고 익명의 힘을 빌려 솔직함을 끌어내기 위해 '학급 소통 패들렛'을 상시 열어놓겠습니다. 해당 게시판을 윤리적으로 활용하기 위해 학생들과 함께 규칙을 세운다면 그 자체로 디지털 시민 교육이 될 것이라고 생각합니다. 민주시민이자 디지털 시민인 학생들이 올바른 인성을 길러갈 수 있도록 에듀테크를 활용하여 지속적으로 관리하고 연습하겠습니다.

둘째, 지역과 학급 소통의 날을 만들겠습니다.

'교실 공개의 날'을 설정하여 학생들이 마을의 구성원들에게 다양한 전시와 공연을 제공하는 활동을 운영하겠습니다. 외부에 공개되는 하나의 프로젝트를 계획하며 학급 구성원들은 자연스럽게 소통하고 협력하며 공동체 의식을 느낄 것이라고 생각합니다. 동시에 서로의 장점을 발견하고 공유하며 학급 구성원 간의 관계가 견고해질 것이라고 생각합니다.

(결론)

이러한 방법들을 실천하기 위해 각종 에듀테크 연수와 지역 연계 프로그램에 적극적으로 참여하는 교사가 되겠습니다. 위의 내용을 경기 교사가 되어 저의 교실에서 펼칠 수 있기를 간절히 소망해 봅니다. 이상입니다.

그래프에서 찾을 수 있는 시사점을 말하고, 건전한 학교 문화를 조성하기 위해 신규 교사로서 노력할 수 있는 점을 3가지 말하시오.

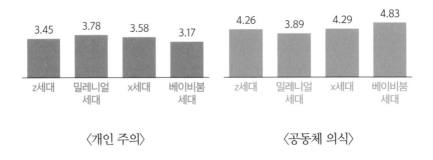

〈개인 주의〉   〈공동체 의식〉

해당 그래프의 내용은 MZ세대의 개인주의 성향 강화와 X세대, 베이비붐세대의 공동체 의식 강조 경향에 대한 시사점을 제시하는 자료였다. 하지만 생각보다 많은 수험생들이 해당 그래프를 제대로 분석하지 못해 감점을 당했다. 주어진 그래프가 말하고자 하는 바를 정확히 수치를 기반으로 하여 분석해야 한다! 정확한 자료 분석이 채점의 중심이 될 것이며 자료를 바탕으로 교직관을 연결 지어 논리적으로 설명해야 한다.

유형 3 제시문과 관련한 자신의 경험/교직관/교육 방향 등을 묻는 문제

위 글을 읽고 따뜻한 말과 위로를 나누었던 경험, 자신의 교직관(바람직한 교사상), 학생의 성장을 돕기 위한 교육 방안 2가지를 말하시오.

제시문 우영우 대사 "로스쿨 다닐 때부터 생각했어. 너는 나한테 강의실 위치와 휴강 정보와 바뀐 시험 범위를 알려주고 동기들이 날 놀리거나 속이거나 따돌리지 못하게 하려고 노력해. 지금도 너는 내 물병을 열어주고 다음에 구내식당에 또 김밥이 나오면 나한테 알려주겠다고 해. 너는 밝고 따뜻하고 착하고 다정한 사람이야. 봄날의 햇살 ○○○이야."

해당 유형은 '교사로서, 사람으로서 올바른 인성을 가졌는가?'를 묻는 문제이다. 준비된 나의 교직관과 가치관을 바탕으로 제시문을 연관 지어 풀어내야 한다. 체크 포인트는 바른 인성과 사명감 있는 교직관이다.

2. 즉답형

학교에서 일어날 수 있는 사례를 제시한 뒤 '넌 어떻게 행동할래?'라고 묻는 문항.

다음에 대한 교사의 바람직한 답변을 시연하고, 그렇게 답변한 까닭과 교육적 의도를 말하시오.

(제시문) 학생 상담 중에 일어난 일이다. 규민이가 "○○도 떠드는데 왜 나한테만 나무라고 그래요!"라고 말하고 있는 상황이다.

현장에서 마주하는 다양한 상황들에서의 대처 능력을 묻는 문제이다. 면접관들은 완벽한 대처를 바라기보다 현장 교사가 되기 위해 얼마나 깊은 고민을 했는지를 살펴볼 것이다. 다양한 상황에서 나는 어떤 가치관을 가지고 학생, 학부모, 동료 교사와 소통할 것인지를 고민하라. 그리고 교사 혼자 모든 문제를 해결할 수 없다는 진리를 간과하지 말라. 대처 방법을 묻는 문제에서 가장 대답하기 쉬운 만능 답변은 '~와의 협력'이다.

자성소나 자신의 경험에 대한 서술을 묻는 문제

교육 실습을 통해 느꼈던 것을 바탕으로 교사에게 필요한 역량 2가지와
이를 신장시킬 방안을 말하시오.

　해당 유형을 대비하기 위해서는 자기 성장 소개서의 내용을 명확히 기
억하고 인지해야 한다. 면접 당일 아침 반드시 제출한 자기 성장 소개서
를 다시 한번 읽어보고 면접장에 들어가라. 또한 교직관과 가치관을 형성
하는 데에 바탕이 되었던 경험 몇 가지를 추려 정리해 놓고 활용하는 것을
추천한다.

교육청의 추구미 정복, 전략적 공부법

심층 면접 공부는 2가지로 나누어진다. 첫째는 정책 공부이고 둘째는 나만의 자료 제작이다. 소속 교육청의 정책과 시책을 연예인을 덕질 한다는 마인드로 꿰뚫어보라. 면접 준비 시기만큼은 교육감을 나의 최애로 삼고 그의 말과 교육관을 공부하라. 교육청 유튜브와 홈페이지를 수시로 살핀다면 자연스럽게 시도 교육청의 추구미가 눈에 들어올 것이다. 여기서 가장 중요한 것은 거론되는 정책들을 나에게 적용하는 것이다. 해당 정책을 나의 답변에 녹이기 위해 내 것으로 만드는 방법을 제시한다.

1. 시책, 정책 공부 시 봐야 할 자료

'**경기도 교육청 → 통합 자료실 → 과별 자료실 → 제1부교육감 소속**'에 가면 수많은 경기 정책 보도 자료들이 탑재되어 있다. 부서는 **홍보기획관, 미래교육담당관** 정도만 살펴봐도 충분하다. 해당 자료는 현장 교사들에게 공문으로 뿌려지는 정책 자료이며, 경기도 교육청이 강조하는 정책임을 의미

한다. 근 1년간 탑재된 모든 자료를 통달하는 것은 불가능하지만, 목차만 보더라도 현재 경기 교육이 어떤 것들을 반복적으로 강조하는지를 파악할 수 있다.

우선 전반적인 흐름과 목차를 살펴본 뒤 반복되는 키워드를 중심으로 클릭해서 자료를 살펴보는 것을 추천한다. 관심이 가는 자료를 추가적으로 검색하는 것도 좋다.

1) 경기 교육 기본 계획 & 경기 교육 기본 방향: ★★★★★

2) 경기 교육 주요 업무 계획: ★★★★

3) 경기도 교육감 신년사: ★★★★★

해당 자료는 1월 초에 경기도 교육청에 탑재된다. 면접 직전 반드시 확인해야 한다! 연속적으로 경기도 교육감 신년사는 심층 면접 소재로 출제되고 있다.

4) 미래교육담당관 부서 각종 탑재 자료(IB 교육, AI 에듀테크 교육, 디지털 시민 역량 교육, 디지털 문해력 교육, 메타버스 등): ★★★★★

해당 자료들은 수업 실연 구상 시에도 활용 가능하다. 내용들을 다양하게 살펴볼수록 현장 이해도는 물론 나의 교실을 그리는 시야가 엄청 넓어질 것이다. 다른 수험생들과 차별적인 답변과 실연을 해내는 수험생이 되고 싶다면 해당 자료들을 적극 활용하길 바란다.

형식적인 공부가 아닌 '어떻게 하면 제시된 정책과 도구를 활용해 나의 교실을 꾸릴까?'라는 생각을 기반으로 공부하는 것을 추천한다.

5) 경기도 교육청 유튜브: ★★★

2. 전략적 개인 공부법

'나만의 자료 만들기'

경기 교육 주요 정책들에 대한 책을 회독하며 심층 면접 공부를 해나갈 것이다. 교육청에서 추진하는 정책은 엄청나게 방대해서 해당 내용을 이해하고 구술할 수 있기까지 많은 노력이 필요하다. 나아가 정책만 알면 안 되고 내가 이를 어떻게 활용할 것인지를 말할 수 있어야 하기 때문에 심층 면접 공부가 면접 준비에서 가장 많은 시간을 요한다.

때문에 이왕 하는 공부 한 번 할 때 제대로 하는 것이 효율적이다. 그래서 시책을 한 번 공부할 때 나만의 자료를 만드는 것을 추천한다. 일단 시책 자료는 너무 많기 때문에 이를 한 번에 모은 단권화 자료를 만드는 것이 좋다. 본인은 해당 정책에 대한 설명, 실행 현황 및 방법, 내가 교실에 어떻게 적용할 것인가. 이 세 가지 내용을 각 정책마다 정리했다. 동시에 만능 서 · 결론도 만들어 놓았다. 해당 내용을 모두 외울 수는 없지만 당황했을 때 자주 쓰는 서 · 결론을 마련해 놓으면 약간 수정해서 활용할 수 있어 좋았다.

해당 내용은 다음과 같다.

1) 인성 교육 방안

※ 역량 중심, 실천 중심

✏ 역량: 자기인식 및 자기관리 역량, 관계관리 역량, 책임 있는 의사결정 역량, 범문화적 역량

① 자기인식 및 자기관리 역량: 성찰일지, 감정 사전 등을 통해 일상생활 속에서 자기 성찰, 관리 습관화

② 관계 관리 역량: 칭찬 릴레이, 학급 다모임을 통해 학생들이 주체적으로 관계 속 문제를 해결. 친화적 학급 분위기

③ 책임 있는 의사결정 역량: 모의법정, 토의 토론을 통해 의사결정 후 직접 일상생활에서 실천하며 책임감 기르기

④ 범문화적 역량: 다문화 감수성 교육, 세계 시민 교육을 통해 다양한 문화와 사람을 존중

2) DQ교육 방안

✏ 역량: DQ시민 역량, DQ창의 역량, 기술적 능력뿐 아니라 참여와 가치 및 윤리에 대한 교육

① 디지털 리터러시 교육

✎ 성찰 중심 교육: 실생활 돌아보기(삶과 앎 연계)

✎ 경험 중심 교육: 직접 유해 영상, 정보를 보며 비판적으로 수용하는

연습, 조사 활동을 통해 가짜뉴스, 출처 비판적 수용

✎ 생산, 성장 중심: 규약 만들기, 규약을 기반으로 직접 좋은 영상이

나 자료를 제작해 보기 → 생산자로서 역할

② 디지털 시민성 교육

✎ 성찰 중심 교육: 실생활 돌아보기

✎ 경험 중심 교육: 사이버 폭력, 범죄 문제 영상시청, 역할놀이, 관련

주제로 토의 토론 진행 → 필요성 및 심각성 인식, 실천 의지 다지기

✎ 실천 중심 교육: 일상생활 속에서 직접 정한 규칙 실천하기

✎ 가정과의 연계: 학부모 대상 DQ교육, 학부모 대토론회 진행

✎ 지역 사회와의 연계: 디지털 역량 교육 전문 인사 초빙

3) 인터넷 과의존 예방

① 사이버 중독 예방 교육(위험성인지)

② 학급 내 실천 규칙 세우기(디지털 디톡스 DAY 등)

③ 가정과 연대(자녀 이해, 과의존 이해, 가정 내 규칙 소통)

④ 지역 사회 연계(치유캠프, Wee센터 등)

4) 자기 주도 학습 방안

① 내적 동기 형성: 미래 사회에서의 자기 주도성이 중요한 이유 설명, 능동적인 주체로서 삶을 설계할 필요성 강조, 공부의 필요성 설명

② 교과 공부 전략 소개

③ 주의 집중을 위한 수업 설계: 다양한 흥미 기간 활동, 구체적인 시간 분배, 협력 학습, 프로젝트, 토의 토론 등

④ 실패를 통해 배우는 바람직한 학습 행동: 도전과 실패를 두려워하지 않도록 지속적인 가치 전달

5) 기초 학력 보장

※ 책임 교육 실현/학생이 자존감 회복에 중점

① 교사의 지속적인 관찰을 통한 예방 및 비계 제공: 관찰평가, 성장 중심 평가

② 에듀테크 활용: AI 튜터 진단, 수준별 자료 제공, 흥미 기반 자료 제공으로 동기 유발

③ 학교 차원 활동

✏️ 또래 도우미: 멘토 멘티 프로그램 진행, 수준이 높은 학생에겐 나눔의 가치 전달, 수준이 낮은 학생도 도움을 받는 것만이 아니라 강점이 있는 분야에서 도움을 줄 수 있도록 역할을 분담하여 자존감 향상

✏️ 베이스 캠프, 3R보충, 두드림 학교, 학력 향상 지원 one팀 구성(동

료, 교장, 상담 등)

④ 가정과 연대: 학교 밖에서도 지속적인 학습이 일어나 학업 중단을 예방할 수 있도록. 학부모와 소통, 추가 지도 독려, 밴드 등을 통해 지속적인 정보 제공

⑤ 지역과 연계: 경기학습종합클리닉센터, 찾아가는 기초 학력 학습 지원 등 활용

6) 인공지능

① 활용 방안: 맞춤형/인공지능 윤리 교육/진로 교육/기초 학력 보장/메타버스 등

② AI어플리케이션

✎ Quick Draw: 내가 그린 그림을 인공지능이 맞힐 수 있음

✎ 구글 번역 시스템/Google art & culture/구글 두들(작곡 작사 연주 어플)

✎ 콴다. 메쓰홀릭.

✎ 펭톡

✎ 티처블 머신, 머신러닝 포 키즈: 빅 데이터 수집 및 처리 과정을 체험해 볼 수 있는 AI(과학 생김새에 따른 잎의 분류)

③ 활용 방법

✎ 정규 교과 내 교과 성취 기준 달성을 위해 활용 → 맞춤형, 수준별

학습 제공(AI튜터)/전체 단위 흥미, 구체적 경험 제공(메타버스)/소
통 활동(패들렛, 댓글활동, 잼보드)/협력 학습(구글 공유 문서)

✎ 학생들이 다양한 기술을 접할 수 있도록 여러 프로그램 제공, 교사
의 역량 강화

✎ 인공지능 기술과 친해질 수 있는 시간 마련(인공지능 체험의 날 등)

7) IB프로그램

✎ 정의: 글로컬 인재 육성을 위해 평가뿐만 아니라 교육과정 재구성, 채
점관 양성 등의 종합적인 학교 교육 프로그램

✎ 방법: 토의토론, 서·논술형 평가, 창의성 비판성을 키우는 수업

✎ 탐색–실행–성찰 단계로 수행

✎ 교사: IB워크숍, 전문적 학습 공동체, 대학연계IB교원인증프로그램 참
여 등을 통해 역량 강화

8) 진로 진학 교육 방안

① 자기 인식의 기회 제공: 적성검사(MBTI, 직업 흥미, 다중지능검사),
또래와의 상호작용을 통한 자기 인식(칭찬 릴레이, 직업 추천 활동)

② 정보 제공: 커리어넷, 고용노동부 어린이 사이트 등 활용

③ 체험의 기회 제공: 직접(잡월드, 몽실 학교)/간접(VR, 메타버스), 마을
직업인 초청, 사람책 프로젝트(지역연계)

④ 교사의 지속적인 관리와 비계 제공: 상담을 통한 꿈에 대한 동기 부여, 주제 중심 프로젝트를 통한 장기적 진로 교육 실행.

9) 다문화 교육 방안

① 인식의 전환: 이주민을 보호의 대상이 아닌 문화적 특성을 존중하며 공생해야 할 존재로 인식/이중 언어의 강점 강조/세계 시민으로서 문화교류의 중요한 역할을 수행할 수 있는 문화적 경험 강조

② 인권 친화적 학급 분위기 형성: 칭찬 릴레이, 테마형 교실, 도서 공간에 세계 여러 문화와 관련된 책 배치, 복도에 세계의 모습 전시

③ 학력 지원: 한국어 교육과정, 서로 언어 가르쳐주기(이중 언어의 장점 강조), 학업 중단 예방 프로그램 지원

④ 학부모 지원: 한국의 교육 문화에 대한 정보 제공, 가정 방문, 각국의 언어로 된 가정통신문 제공, 지속적인 상담과 소통

10) 특수교육 방안

① 통합교육: 특수교육대상자가 일반 학교에서 차별받지 아니하고 또래와 함께 개개인의 교육적 요구에 적합한 교육을 받는 것

② 특수교육 대상 학생에게: 정서적 안정(상담), 모든 활동에 함께 참여하도록 지원(작은 역할 분담, 활동에 참여할 수 있는 장치 지원, 자신감과 학급 구성원으로서의 소속감 강조)

③ 일반학생에게: 장애 인식 교육(장애를 하나의 특성으로 인식하도록), 협력과 도움의 이유 강조하며 함께 서로를 존중하는 규칙 정하기, 민주시민 교육을 통한 존중과 상생의 가치 전달

11) 교권과 학생 인권

✎ 교권은 교사의 권리를 넘어서 학생이 학습권에 영향을 미치는 중요한 요소 중 하나임

✎ 교권과 학생 인권은 상호 배타적인 것이 아닌 상호 보완적인 것. 균형을 이루는 시소처럼 함께 동반 성장해야 함.

① 인권 교육 전개, 인권 친화적 학급 문화: 변신 역할극, 인권 변호사, 함께 정하는 학급 존중 규칙

② 상담: 학생과의 지속적인 소통과 신뢰 관계, 라포 형성

③ 교사의 나 전달법과 감정 주도 대화법 통해 교사도 감정을 지닌 존재임을 강조

④ 학부모 상담: 교사가 먼저 전문성과 애정을 표현하며 신뢰 형성, 서로 존중 필요, 학부모 대토론회 등을 통한 지속적인 소통의 장 운영.

12) 학교 학생 학급 자치

① 학교: 자율장학 내실화(전학공), 성장 중심의 학교 평가, 자치가 가능한 학교 문화 조성

② 학생: 학생 자치회, 학생 대토론회 등을 온 오프라인 플랫폼으로 상시
적으로 진행

③ 학급: 학급 선거(학급 정당, 선거관리 위원회, 후보자 대토론회 등 운
영), 직접 정하는 1인 1역, 학급 다모임, 부서별 조회 진행

13) 학교자율과정, 교사교육과정

✏️ 정의: 교육공동체의 요구와 필요를 반영하여 학교에서 자율적으로 편
성 운영하는 교육과정

✏️ 방안: 교과군 별 20% 범위 내에서 감축한 시수 활용

① 교사: 교육과정 재구성(with 동료T), 교육과정 문해력 필요

② 학생 요구, 특성, 관심사/학교 실정 및 문화/지역 사회 자원 등 고려 필요

14) 학생 문제

① 교사와 라포 관계 형성이 가장 우선적 → 교사의 지도를 학생이 수용하
기 위해서: 상담, 공동체 놀이, 친근한 아침 맞이, 지속적이고 구체적인 관
심 표현과 대화

② 또래와 상호작용: 또래 상담, 위로의 한마디, 함께 정하는 규칙 → 자존
감 향상, 심리적 안정, 고맙DAY, 칭찬 샤워

③ 교육공동체와 협업: 동료 교사, 학부모, 지역사회, WEE프로젝트 전문
가 등

✎ 인스타 브레인의 연구 결과에 따르면 하루에 5~6분의 신체활동만으로도 집중력이 향상됨. 짧게 여러 번 할 수 있는 과제 제시, 협력 학습, 움직임의 기회 제공

✎ 교사의 상담은 과장이 아닌 학생의 상황을 있는 그대로 경청하는 것이 중요. 들어주는 자세 필요. 교사가 먼저 알아차리는 관심이 중요.

✎ 아동 학대 지역 자원: 교육 복지사, 아동행복복지시스템, 아동보호 전문기관 활용, 학생의 문제가 결코 학생의 잘못이 아님을 인식시켜 줘야 함.

④ 학생 문화 이해: 우선 이해, 존중 → 스스로 문제 깨닫게 하기 → 가정과 연대(선관심, 후대화법)

✎ 인터넷, 스마트폰, 대중문화(활용해서 교과 수업 예) 역사: 선왕 랩, 국어: 대중가요에서 비유법 찾기), 유튜브(건전한 가치관 교육 필요), 게임(학생 재능 인정, 특성 이해, 문제 언급, 계획 세우기) 등 문화 이해

15) 학교폭력/사이버폭력

① 예방: 인권 친화적 학급 분위기, 학폭 예방 교육, 관찰을 통한 초기 교유관계 개선, 문제가 있을 때 교사에게 도움을 요청할 수 있는 관계를 평소에 형성

② 발생 후: 학교장에게 보고, 신속한 초기 대응, 관련 학생과 상담(객관적

자세 중요), 학부모 상담(적극적으로 문제 해결을 위해 노력할 것임을 강조)

✎ 안성: 5279 운동(오해를 이해로 친구가 되자)

16) 회복적 생활 교육

✎ 정의: 응보적 관점이 아닌 가해자와 공동체 구성원의 노력으로 피해가 온전히 회복될 때 성취. 관계 향상을 통한 평화로운 공동체를 만들어 가는 과정. 존중, 자발적 책임, 협력

① 비폭력 대화, 회복적 서클(신뢰서클), 또래 조정 프로그램, 정기적 학급 회의, 존중의 약속, 감정 카드 & 미덕 카드, 체크인 체크아웃 서클(하루 시작과 마감시 서로의 감정 이야기), 역할극, 고민 우체통, 사과 편지

② 관계 중심, 상호존중, 공동체 참여(원원), 지배체제가 아닌 파트너십 체제, 합의를 통한 의사결정

17) 학부모 상담, 관계

① 교사의 정보 제공: 밴드(연간 교육과정, 하루 일과 등 소통 장구 마련), 학부모 아카데미를 통해 정보 제공

② 소통: 상시적 상담 추구(네이버 폼으로 교사의 여유 시간에 학부모님들이 상담을 신청할 수 있도록), 학부모 대토론회, 존중하는 마음 전달

③ 대면 상담 지향: 직접 학생들의 포트폴리오, 적성검사 자료 등을 보며 상담할 수 있고, 학부모님이 원하시는 자료를 바로 제공할 수 있기 때문.

전화 소통의 한계를 해소 가능

④ 학부모 참여 활동: 진로 체험 프로그램, 학부모가 읽어주는 책 등

18) 학교 민주주의

① 교사: 함께 결정하는 학교 문화 조성, 집단지성 강조(전학공, 전교원 컨퍼런스 진행 등)

② 학생: 학생 자기 결정권, 학생 자치 실현, 민주적 의사소통(아고라 광장), 공간혁신, 민주주의 역량 강화 교육

③ 3주체: 3주체 공동생활 협약, 교육공동체 대토론회, 민주주의 자체 평가 피드백 강화

19) 양성평등 및 성인지 감수성 교육 방안

① 참여형 양성평등 교육(토론, 캠페인 표어 만들기, 학교 내 성차별 요소 찾기, 역할놀이 등)

② 교과 연계, 진로 교육을 통해 양성 평등 교육 지속적으로 제공

③ 학급 운영 시 남녀로 구분 X, 학교 문화 형성

20) 건강, 안전, 감염병 예방 교육

① 실천 중심 보건 교육: 우리 학교, 지역의 안전 위험존 찾기, 일상 속 실천 방법 토의, 함께 실천 규칙 정하기, 가정 연계 생활 속 안전 규칙 실천

② 학생 참여형 급식: 학생 제안 레시피, 공모전(문서, 웹툰 등 자율화), 학생 자치회 건의, 텃밭 재배 채소 활용

③ 감염병 대응 역량 강화를 위한 모의 훈련 정례화

④ 자가 격리 학생 지도: 정서지원, 학습결손 방지(zoom으로 수업 참여, 클래스팅 등으로 학습 자료 제공, 교사와의 소통창구 개방)

⑤ WEE프로젝트 연계 코로나 블루 등 정서 관리

21) 문해력 교육

✏ 스마트폰의 일상화, 영상 콘텐츠에 많이 노출 → 문해력 감소

　문해력은 지식을 받아들이는 도구이자 상호작용의 기반, 디지털 리터러시의 기반

✏ 초2 문해력 발달의 골든타임-3학년부터 본격적인 읽기 시작되기 때문

① 소리내어 읽기 교육(교과서 읽으며 폭탄 돌리기)

② 개별화 교육(좋아하는 책 선택해서 읽기, 짧은 글 읽기 등)

22) 독서 인문 교육

"좋은 책을 읽는 것은 과거 몇 세기의 가장 훌륭한 사람들과 이야기를 나누는 것과 같다."

✏ 독서: 문해력, 가치습득, 지식, 인내, 참을성 등의 효과

✏ 목표: 인성 함양 및 전인적 성장

① 학생 주도 독서 프로젝트(관심사, 기획, 독서 일상화 등)

② 교육과정 연계(온책 읽기)

③ 에듀테크 활용(e-book)

④ 1인 1독서 동아리: 학생 독서 동아리, 학생 사서 동아리

⑤ 공공성 독서 교육: 공동체 독서, 공감 독서(독서 토론), 성장 독서(독서 학기제)

23) 시민 교육

① 시민 교육 중심 교육과정 운영: 기존 교과 내 요소 강화/교과융합/주제 중심 프로젝트 등

② 배움의 과정에서 실천: 토의 토론 문화, 학생 주도 사회 참여 프로젝트

③ 시민적 인성 교육 강화: 교육활동 전반에 걸쳐 실천 중심 인성 교육, 역량 중심 인성 교육

  ✏️ 민주시민 교육: 시민적 판단/소통/실천 역량

  ※ 참정권 교육(찾아가는 모의 투표 체험 교실 등)

  ✏️ 세계 시민 교육: 메타버스 활용 체험형 세계 시민 교육, 학생 주도 교육 중요

24) 평화통일 교육

  ✏️ 경기도에 다양한 시군이 있는 만큼 그에 맞는 스토리가 있는 교육 지향

① 교육과정 연계 평화 통일/독도 교육, 통일 시민 초등 교과서 활용(교과 지도를 통한 편견 바로잡기, 북한말 골든벨, 6.25전쟁 타임라인 만들기 등)

② 1박 2일 숙박형 평화 통일 체험학습, 또래가 들려주는 통일 이야기

③ 디지털 통일 교육: 디지털 영상지도로 북한 탐방, 북한 단어장, 남북 이산가족 디지털 박물관

25) 기후위기 대응 교육

① '지구 지킴이 일일 프로젝트'(교과 연계)

② 교육 공동체 생태, 환경 보전 실천 운동: 기후행동 1.5도씨 앱, 학생 주도 프로젝트

③ 체험 중심 생태, 환경 교육 강화: 그린스마트 스쿨, 미래 에너지 학교, 지역 환경 교육센터 연계

26) 생태 생명 감수성 교육

① 생명의 존엄성 교육: 친구사랑주간, 생명존중교육, 상담주간, wee프로젝트 연계, 가정 연계 생명 존중 및 생명 살림 의식 강화

② 공감 능력 향상 및 상호의존성 존중 교육: 다른 존재 되어 보기 → 인간 중심 풍조 반성

③ 생태 교육: 1인 1화분, 유관 기관 연계, 환경 포스터, UCC제작 등

④ 교과 연계 생명 감수성 교육: 과학(기후 위기 원인 파악), 사회(지역 사

회, 세계의 노력 살펴보며 실천 방안 마련), 국어(마을에 편지 쓰기)/미술 (캠페인 포스터, 표어 만들기)

27) 안전교육

① 학교 및 학급에서 안전 교육 생활화(조례, 종례, 창체 시간 활용 나침반 5분 안전 교육/7대 안전교육사항을 교육과정 계획에 반영/재난안전대피 훈련 참여/학교안전점검의 날(매월 4일)을 성실히 운영) 추가적으로 안전 관련 각종 매뉴얼 학급 부착, 안전 개선 관련 제안함을 설치함.

② 지역 사회와 연계한 체험 중심 안전교육: 소방서, 경찰서 연계 안전프로그램 운영/공공기관, 민간기관 운영 안전종합체험시설 활용

③ 교과 연계 안전교육: 체육, 과학, 야외 학습 시 수업 전 5분 안전교육 실시, 퀴즈 활동, 사회 수업 시 지리 정보 시스템 활용하여 교통사고 위험 지역 만들기 등

④ 학생주도형, 학생 참여형 안전교육: 학생자치회 주도 학교안전주간/현장 체험 학습 시 토의토론, 안전 골든벨 등 학생참여기반 안전교육행사 운영/안전사고예방영상 공모, 안전한 학교 웹툰 대회/학생 참여 안전 점검의 날 → 학교의 시설물, 위험 요소 파악

28) 교수평기 일체화

✏️ 정의: 학생 성장 중심 교육과정 설계, 수업으로 구현, 수업 활동 자체를 평가하고 기록

✏️ 필요성: 학생의 성장, 분절된 교육 활동 방지, 학생 자존감 향상, 4차 산업혁명 시대 학교의 존재 이유

✏️ 방안: 성취 기준 중심 교육과정 재구성, 학생 참여 중심 수업, 과정 관찰 평가, 성장 중심 기록

29) 역량 기반 교육과정

✏️ 정의: 교과 특성, 학생 개개인의 교육적 요구 반영해 학생 주도성과 책무성 강화 → 미래에 살아가는데 필요한 역량을 길러주는 교육과정(배움의 시공간 확장)

✏️ 방안: 학생 중심 교육과정, 학교 교육과정 자율화

30) 배움 중심 수업

✏️ 정의: 삶의 역량을 기르는 자발적이고 협력적 배움이 일어나는 수업

✏️ 필요성: 협업, 자발성, 상호작용이 중요하기 때문

✏️ 방안: 학생 중심 교육과정, 학교 교육과정 자율화

31) 성장 중심 평가

✎ 정의: 학습의 과정과 결과에 대한 피드백을 통해 학생의 전면적 발달을 돕는 평가. 경쟁이 아닌 협력으로 모두의 성장을 지원

✎ 필요성: 책임교육, 개인의 성장 도모

✎ 방안: 협력 중심, 발달 중심, 과정 중심, 수업의 흐름 속에서, 반응의 다양성이 보장된, 실생활과 연계한 평가

32) 주제 중심 프로젝트

✎ 정의: 학생이 스스로 주제, 문제, 쟁점 등을 찾아내고 이를 해결하기 위한 협력적 작업

① 계획: 학생 스스로 문제, 주제, 쟁점 발견, 토의 토론을 통해 결정/교사는 전문성을 가지고 학생 특성을 반영해 프로젝트 구성

② 실행: 학생 중심(토의 토론, 협력, 학생 생활과 연계), 가정 지역과 연계, 교과 융합

③ 평가: 성장 중심, 과정중심 평가 + 자기평가, 동료평가 → 포트폴리오 제작

    ✎ 기후위기 대응(지구지킴이), 생태전환(텃밭), 독서 인문 교육(도서관, 직접 책 출판하기), 학교 공간 재구조, 진로 교육 등의 주제 활용 가능

33) 학생 주도 체험학습 방안

✎ 온오프라인 병행, 지역 특색, 특수학교 반영

체험학습 전 학생이 계획, 체험학습 중 함께 정한 규칙 질서 지키기,
체험학습 후 느낀 점 토의, 배운 내용 바탕으로 프로젝트 학습으로 산
출물 제작 등

① 에듀테크 활용 배움의 시공간 확장: VR, 메타버스, 랜선 인터뷰, 체험 등
② 소규모 학교 밖 체험학습을 통한 경험 확대 지원(학급 단위, 최소 인원)
③ 학교 안 체험활동: 학교로 찾아오는 체험학습, 체험 부스 운영 등

34) 마을 교육 공동체 활용

경기 이룸 학교, 사람책 프로그램, 마을학교, 지역 거점형 메이커 스페이
스, 교육 협동조합

"마을로 나가고, 학교로 초대하자.", "지역 공동체의 허브 역할로서의 학교."

35) 전문적 학습 공동체

① 주제 중심/학년 중심/교과 중심을 통한 집단 지성 활성화
② 생활 지도 공동체, 배움 중심 수업 공동체, 진로 진학 전학공, 회복적
생활지도 전학공

36) 개인정보보호 교육 방안

① 필요성 인식: 개인정보 보호 안 할 시 위험성, 중요성 탐색(관련 뉴스, 자료 직접 조사)

② 관련 규칙 직접 제정, 실천 방안 삶 속에서 실천

③ 정보 보호의 날 교육(매년 7월 둘째 주 수요일)

37) 학교 공간 혁신

🖊 끼리끼리 공간, 융합교과 공간, NO-BRAND 공간, 1+1 공간 등

① 유휴교실 활용 → 예술 전시 공간, 토의 토론 공간, 융합교과 공간, VR 체험존 등

② 학교 로비 → 아고라 광장, 무대 등

③ 단순 학습이 아닌 소통, 정보교류, 체육, 문화의 공간

38) 그린 스마트 스쿨

🖊 정의: 디지털 + 그린융합 뉴딜 학교가 새로운 교육과정, 새로운 수업 방식, 교사로서의 전문성을 존중하는 공간

🖊 필요성: 원격 교육 체계, 친환경 제도 에너지 학교, 학생 중심의 창의적 교육 공간으로 변화할 필요

🖊 방안: 학교 단위 종합 추진, 스마트 기반 광장형 공간, 융·복합 다목적 공간, 자연 친화적 생태 공간(생태텃밭, 학교 숲, 중정 등)

39) 경기형 미래 학교

'나를 알자, 함께 가자, 내일을 열자'

✏️ 효과

① 도전과 시행착오를 겪으며 성장하고, 스스로 배움의 과정을 설계하고 학습을 주도하며 지속적으로 도전할 수 있는 역량

② 공존과 상생의 가치, 다양성을 존중하고 협력하며 성숙하고 책임 있는 시민으로 성장

✏️ 정의: 창의적 스마트 학습 공간, 민주적 교육 공동체 협력 기반 학생 주도 학습

✏️ 필요성: 개방적 학교 체제, 다양성 존중, 학습자 주도성, 지역 거버넌스 기반

✏️ 방안: 학교 공간 재구조화, 미래 마을 평생학교

심층 면접 소재별 서·결론 답변 자료

서론 경기 교육의 방향성/해당 정책에 대한 정의, 중요성, 현장 실태 언급

결론 교사로서의 포부 및 노력 의지 강조

해당 공식을 모든 소재에 단순 적용만 해도 만능 서·결론이 만들어진

다. 소재별 서·결론은 부수적인 공부이니 굳이 의무적으로 하지는 않아도 된다!

시간이 없으면 즉답형에서는 서·결론을 쳐내는 것이 옳다. 결국 메인은 본론의 정확성이다. 서·결론은 살을 덧붙이는 것뿐이다. 즉, 서·결론의 역할은 '나는 해당 정책을 제대로 아는 전문가임'을 어필하고, '신규 교사로서의 의지와 열정'을 어필하며 호감도를 상승시키는 것이다. 서·결론은 되도록 3문장을 넘기지 않는 것이 좋다.

1) 바탕이 되는 교직관

🖊 경기 교육: '경험', '공동체', '학생의 주체성'

🖊 교육철학: '실수를 두려워하지 않고 마음껏 도전하는 허용적인 교실을 만들자.'

🖊 교육관: 교육이란 세상을 보는 시각을 바꾸어 주는 것. 그저 살아가는 것이 아니라, 삶의 경험 속에서 앎을 실현하고 배움의 행복을 깨닫고 성장하도록 하는 것. 올바른 가치관과 인성으로 세상에 긍정적인 영향을 끼치는 인재를 양성하는 것.

🖊 교사관: '가이드' 인생의 여정 속에서 함께 길을 걸으며 든든한 동반자로서 지원을 아끼지 않는 사람. 올바른 길을 갈 수 있도록 안내하고, 그 여정이 행복할 수 있도록 함께 걷는 사람.

🖊 학생관: 배움의 주체. 실패하며 성장하는 역동적인 존재. 사랑할 수

밖에 없는 존재.

✏️ 수업관: 지식을 전달하는 시간에서 나아가, 협력과 소통의 가치를 경험하고, 삶을 앎으로 연결시켜 주는 매개체. 아이들이 올바른 인성과 미래 인재로서의 역량을 지닐 수 있도록 인도하는 시간.

2) 미래 교육

서 미래 교육의 중심, 새로운 경기 교육을 실현하기 위해 경기 교사는 고민해야 합니다. 변화의 동향을 잘 읽으며, 학생들이 미래 핵심 역량을 함양할 수 있도록 교육해야 합니다.

결 격변의 시대 속에서, 변화 물결에 휩쓸리지 않고 그 물결을 잘 타는 교사가 되기 위해서는 연구와 고민이 필수적입니다. 미래의 변화를 기회의 변화구로 만드는 경기 교사가 되기 위해 노력하겠습니다.

3) 인성 교육

서 모든 학생이 인성과 역량을 키워 가며 꿈을 실현하는 경기 교육을 실현하기 위해, 인성 교육은 매우 중요합니다. 형식적인 덕목 전수형 인성교육이 아닌, 공감과 실천이 내포된 역량 중심 인성 교육을 실현하기 위해 교사는 고민해야 합니다.

결 올바른 인성은 한 아이의 삶을 바꾸고 그렇게 세상을 따뜻하게 변화시킵니다. 급변하는 현대사회에서 흔들리지 않는 인성 교육을 실현함으로

써 세상을 따뜻하게 만드는 교사가 되겠습니다.

4) DQ교육

서 현실 세계보다 디지털 세계에서 살아가는 시간이 더 많아질 미래에서, 아이들이 올바른 디지털 시민으로 성장하기 위해 DQ 교육은 매우 중요합니다. DQ 시민 역량과 DQ 창의 역량을 함양한 디지털 인재를 양성하기 위해 교사는 연구해야 합니다.

결 DQ 시민 역량과 DQ 창의 역량을 함양한 디지털 인재를 양성하기 위해 끊임없이 연구하는 교사가 되겠습니다. 격변의 시대에서 새로운 가치를 창출하고, 긴장과 딜레마에 대응하는 변혁적 역량을 지닌 경기 교사가 되겠습니다.

5) 미디어 리터러시

서 학교의 역할은 더 이상 '지식 전달'이 아닌 '지식 활용'으로 변화하였습니다. 학생들이 쏟아지는 정보를 비판적으로 수용하고, 주체적으로 생산할 수 있도록 하기 위해 미디어 리터러시 교육은 중요합니다.

결 디지털 대 전환의 시대에서, 아이들의 정보 격차는 극심해지고 있습니다. 실천과 적용을 동반한 미디어 리터러시 교육을 실현함으로써 모든 학생이 유능한 디지털 시민으로 성장할 수 있도록 노력하겠습니다.

6) 자기 주도 학습

서 자기 주도 능력은 가장 중요한 미래 역량 중 하나입니다. 학생은 배움의 주체로서 정보를 능동적으로 활용하고 융합할 수 있어야 합니다.

결 학생이 자신의 삶의 주체가 될 수 있는 힘을 길러 주는 것은 교육의 큰 역할 중 하나입니다. 자신을 사랑하고, 아끼며, 삶을 주도적으로 계획하고 즐길 수 있도록 학생을 인도하는 경기 교사가 되겠습니다.

7) 기초학력 보장

서 코로나 19로 인해 교육적 양극화의 심각성은 수면 위로 드러났습니다. 이러한 교육적 양극화를 해소하고 학생 모두가 공평한 배움을 얻을 수 있도록 하는 것은 공교육의 중요한 역할입니다.

결 마라톤에서는 가장 먼저 들어온 1등 선수만큼이나 많은 박수를 받는 참가자가 있습니다. 바로, 느리지만 끝까지 포기하지 않고 맨 마지막에 들어오는 선수입니다. 학생 모두가 배움을 얻는 교육을 실현하기 위해 조금 느리더라도, 함께 가는 교육을 실현하겠습니다.

8) IB교육

서 세계를 선도하는 글로컬 융합인재를 양성하기 위한 방법으로는 IB 교육이 있습니다. 배움을 즐기는 자기 주도적 평생 학습자로 학생들을 성장시키기 위해 IB 교육은 노력하고 있습니다.

결 IB교육을 현장에 정착시키기 위해서는 교사의 전문성, 학생들의 참여, 학부모의 동의, 정책들의 지원이 필요합니다. 교육 공동체의 움직임을 읽고, 경기형 IB 교육을 통해 미래 교육의 문을 여는 전문성을 지닌 교사가 되기 위해 노력하겠습니다.

9) 진로진학교육

서 "모든 성취의 출발점은 꿈을 꾸는 것으로부터 시작된다."(나폴레옹)라는 명언이 있습니다. 성취는 곧 단단한 자존감과 삶의 활기가 됩니다. 즉 꿈을 꾸는 것은 아이들의 삶을 행복하고 단단하게 만들어줍니다.

결 학생 개개인의 행복을 찾아주는 교육을 실현하기 위해 맞춤형 진로진학 교육이 필요합니다. 아이들이 꿈을 이룰 수 있도록 인도하는 경기 교사가 되겠습니다.

10) 창의융합교육

서 급변하는 사회에서 능동적인 인재를 양성하기 위해 창의 융합 교육은 중요합니다. 제 4차 산업혁명 시대가 도래하며 창의력과 상상력을 갖춘 미래 인재 양성의 중요성이 대두되고 있습니다.

결 인문학적 상상력, 과학기술 창조력을 갖추고 바른 인성을 겸비한 창의 융합형 인재를 양성하기 위해 연구하는 교사가 되겠습니다. 교육과정 재구성을 통해 학생들이 자신의 잠재력과 창의성을 마음껏 발휘할 수 있는 허용적인 교실을 만들겠습니다.

11) 교권과 학생 인권

서 행복한 학교를 실현하기 위해서는 학생과 교사가 모두 행복해야 합니다. 저는 교권과 학생 인권이 상호 배타적인 것이 아니라 상호 보완적인 것이라고 생각합니다.

결 "가는 말이 고와야 오는 말이 곱다"라는 속담처럼, 교권이 존중받기 위해서는 교사가 먼저 학생들의 인권을 존중하고, 그들의 문화, 생각 등을 존중해야 합니다. 균형이 잘 맞는 시소처럼, 교권과 학생 인권이 모두 존중되는 교실을 만들기 위해 먼저 다가가는 교사가 되겠습니다.

12) 교육복지

서 '안전'을 중요시하는 경기 교육을 실현하기 위해 교육복지는 중요합니다.

결 신체적 안전과 교육적 안전을 모두 실현하는 교육복지를 통해 단 한 명의 학생도 교육에서 소외되지 않는 책임 교육을 실천하겠습니다.

13) 다문화교육

서 글로벌 시대에서 학생들은 다양한 문화를 가진 지구인들과 소통해야 합니다. 자신의 문화 정체성을 잃지 않고, 타인의 문화를 존중하는 세계 시민을 양성하기 위해 교사는 노력해야 합니다.

[결] 올바른 다문화 교육을 통해 소외와 정체성 혼란을 방지하고 자존감과 열린 마음을 가질 수 있도록 노력하는 경기 교사가 되겠습니다. 다문화 가정 학생과 한국 학생 모두가 상호존중하고 소통할 수 있는 교실을 만들겠습니다.

14) 특수통합교육

[서] 다양한 특성을 지닌 사람들이 살아가는 세계화 시대에 적합한 인재 양성을 위해, 특수 통합 교육은 중요합니다. 다양성 수용과 배려와 협력을 전달할 수 있기 때문입니다.

[결] 모든 학생들은 원석이라고 생각합니다. 갈고 닦으면 누구나 빛나는 재능을 발견할 수 있다고 생각하기 때문입니다. 통합교육을 통해 모든 학생이 자신의 강점을 찾고 단단한 자존감을 가질 수 있도록 노력하겠습니다. 다양성을 인정하며 협력하는 통합학습을 이루어 나가는 경기 교사가 되겠습니다.

15) 학교자치

[서] 자치 문화란 학생들이 주도성을 가지고 하향식 결정 방식으로 자치를 실현하는 것입니다. 자율, 균형, 미래를 추구하는 경기 교육을 실현하기 위해 학교 자치는 중요합니다.

결 코로나 19와 4차 산업혁명으로 인해 '자기 주도성'은 매우 중요해졌습니다. 학생들이 자신의 삶을 주체적으로 계획하고 살아갈 수 있도록, 학교 자치를 실현하는 경기 교사가 되겠습니다.

16) 학교자율과정

서 학교 자율과정이란 단위 학교의 특색을 반영하여 학교에서 자율적으로 구성하는 탄력적인 교육과정입니다. 현재 경기 교육에서는 단위 학교의 특색을 반영하고 지역사회와 연계한 학교 자율과정의 중요성이 대두되고 있습니다.

결 삶과 앎을 연결하는 교육을 실현하기 위해 학교 자율과정은 필수적입니다. 학생들이 진심으로 공감하고 다양한 역량을 함양할 수 있는 학교 자율과정 설정을 위해 연구하는 경기 교사가 되겠습니다.

17) 교사의 전문성 역량 신장 방안

서 전문성과 역량 함양을 위해 끊임없이 노력하기 때문에 교사는 '전문가'입니다. 학생들의 전인적 성장을 위해서는 우선 교사의 전문성과 역량이 전제되어야 합니다.

결 급변하는 미래 사회에서 학생들에게 의미 있는 교육을 실현하기 위해 교사는 전문성과 역량 함양을 위해 노력해야 합니다. 다양한 교원 연수에 참여하고, 전문적 학습 공동체를 통해 동료 선생님들과 함께 성장하는 경기 교사가 되겠습니다.

18) 문제행동학생

서 문제 행동 학생 지도는 신규 교사에게 특히 더욱 어려운 과제입니다. 따라서 문제 행동을 잘 관리하기 위해 교사로서 어떤 방안을 사용할지 고민해 보아야 합니다.

결 문제 행동은 분명한 원인이 있고, 그 원인은 대부분 학생 스스로 견디기 힘들기에 학교에서 표출되는 것입니다. 관심과 소통으로 원인을 파악하여, 학생을 보듬을 수 있는 교사가 되겠습니다.

19) ADHD학생

서 ADHD는 주의력 결핍 및 과잉 행동 장애입니다. 이는 저학년 시기에 발현되는 경우가 많으므로, 특히 초등교사에게는 세심한 관찰과 지도가 필요합니다.

결 환경적 요인뿐 아니라 심리적 원인과 질병의 관점에서 학생의 행동을 관찰하여 ADHD 학생을 현명하게 지도하는 교사가 되겠습니다.

20) 불안 장애 학생

서 세계보건기구에 따르면 오늘날 10명 중 1명이 불안 장애를 겪고 있다고 합니다. 교사는 불안 민감도가 높은 학생을 지도할 수 있어야 합니다.

결 불안함을 겪고 있는 학생의 마음을 이해하여, 그들의 마음을 안정시키고 따뜻하게 보듬을 수 있는 교사가 되겠습니다.

21) 우울증, 자살 시도, 자해 경험

서 교실 안에는 위기에 처한 학생이 항상 존재합니다. 그 원인과 위기의 형태가 다양하므로, 교사는 그에 맞는 접근법을 항상 고민해야 합니다.

결 위기에 처한 학생들을 외면하지 않고, 끊임없는 관심과 소통으로 학생을 위기에서 구하는 교사가 되겠습니다.

22) 아동 학대

서 학교의 모든 교사는 학생의 안전한 삶을 위해 막대한 책임을 지고 있습니다. 특히, 아동이 학대를 당하는 경우 무엇보다 교사의 도움이 절실합니다.

결 학생의 안전을 책임지는 대한민국의 교사로서, 학생에 대한 지속적인 관심으로 위기 아동을 조기에 발견하겠습니다. 또한 아동 학대가 의심되는 학생을 발견했을 때, 신속하고 적극적으로 대처하는 교사가 되겠습니다.

23) 교육 격차

서 최근 원격수업과 등교수업을 병행하며 학생들의 학습격차가 많이 벌어진 상황입니다. 따라서 교사는 경기 교육의 3대 원칙 중 하나인 '균형'을 지키기 위해 학습격차 해소 방안을 고민해야 합니다.

결 도움을 받지 않으면 제대로 학습하기 어려운 교육 약자를 살피고, 학급 전체가 함께 나아갈 수 있도록 뒤에서 같이 가는 교사가 되겠습니다.

24) 학교폭력, 사이버폭력

서 학교폭력은 학교 내외에서 학생을 대상으로 발생한 폭력을 말합니다./사이버 폭력이란 정보통신망과 기기를 이용하여 언어적, 비언어적인 형태로 괴롭히는 모든 행위를 말합니다. 학교폭력 예방과 대처를 위해 교사의 역할은 매우 중요합니다.

결 학교폭력을 해결할 때 무엇보다 중요한 것은 학생들의 마음을 어루만지는 일입니다. 평소 끊임없는 관심과 소통을 통해 학생들이 큰 상처를 받지 않도록 보호하는 교사가 되겠습니다.

25) 학부모 소통

서 교직 생활 중, 교사가 겪는 큰 어려움 중 하나는 학부모와의 소통입니다. 따라서 교사는 학부모와 어떻게 소통할지 끊임없이 고민해야 합니다.

결 학생이 온전히 성장하기 위해서는 교사와 학부모의 연대가 필요합니다. 학부모 연대의 필요성을 알고, 적극적으로 학부모와 소통하여 동반자 관계를 형성하는 교사가 되겠습니다.

26) 학교 민주주의

서 학교 민주주의란, 학생들이 학생 생활에 대한 자기 결정권을 갖고 규율과 규칙, 해결 방안을 함께 정하는 학교 문화입니다. 민주시민 교육은 지금까지도 보편적인 경기 교육의 문화로 자리 잡고 있습니다.

결 교사와 학생, 학생과 학생이 평등한 관계를 바탕으로 진정한 학교 민주주의를 이룩할 수 있도록 지도하는 교사가 되겠습니다.

27) 성인지 감수성

서 성인지 감수성이란, 양성평등의 시각으로 기존의 성 역할이나 고정 관념으로 형성된 성 인식의 문제에 공감하는 능력입니다. 교사는 학생들의 가치관이나 진로 선택에 영향을 미칠 수 있기에 성인지 감수성을 함양해야 합니다.

결 교사 자신뿐만 아니라 학생들의 성인지 감수성을 높이고, 학생들의 잠재되어 있는 특성을 충분히 발휘하여 자유의지로 살아갈 수 있도록 교육하는 교사가 되겠습니다.

28) 감염병 예방 교육

서 코로나의 여파가 지나간 듯 보이지만, 학교 현장에서는 여전히 위생과 방역 그리고 감염병 예방에 초점을 둔 생활 지도가 이루어지고 있습니다. 교사는 학생 안전의 일선에 서 있으므로 예방 교육을 철저히 실시해야 합니다.

결 학생의 안전을 책임지는 대한민국의 교사로서, 안전하고 안심할 수 있는 학교를 만들 수 있게 일선에서 노력하는 교사가 되겠습니다.

29) wee프로젝트

서 wee 프로젝트란 we, education, emotion의 앞 글자를 따서 만들었으며, 위기 학생 예방 및 종합적 지원 체계를 갖춘 학교 안전망 구축 사업입니다.

결 선생님과 이야기를 나누는 것만으로도 한결 마음이 편해진다는 학생이 많습니다. 관심과 소통으로, 학생들의 마음을 돌보는 교사가 되겠습니다.

30) 교육환경(건강, 안전), 학교 공간 혁신

서 교사는 학생의 안전과 건강을 위한 교육환경을 조성해야 합니다.

결 학생들이 정서적, 심리적, 제도적, 환경적으로 건강하게 생활할 수 있도록 현장에서 노력하는 교사가 되겠습니다.

31) 교수평기 일체화

서 교육과정-수업-평가-기록의 일체화는 교육과정이 유기적으로 연결되어 일어나기 위해 필요합니다.

결 학생의 성장을 목표로 교-수-평-기 일체화를 이루고, 학생 중심의 행복한 교육을 만들 수 있도록 노력하는 교사가 되겠습니다.

32) 역량 기반 교육과정

[서] 학생들이 능동적인 인재로 성장하기 위해서는 삶의 역량을 길러 주는 교육과정을 구성해야 합니다. 역량 중심 교육과정 구성을 통해 학생들은 주체성과 책임감을 형성할 수 있기 때문입니다.

[결] 동료 교사와 협업으로 교육과정에 대한 깊은 이해를 통해 학생들의 역량을 길러 줄 수 있는 교사가 되기 위해서 노력하겠습니다.

33) 배움 중심 수업

[서] 배움 중심 수업이란 삶의 역량을 기르는 자발적이고 협력적 배움이 일어나는 수업을 말합니다. 배움 중심 수업은 학습자의 삶과 연계하며 학습자의 참여를 중요시하여, 학습자가 수업에 주체가 된다는 점에서 중요합니다.

[결] 교과 협의회와 학년 협의회에서 동료 교사들과 협업을 통해 학생들이 이끌어 갈 수 있는 수업을 제공하는 경기도의 교사가 되겠습니다.

34) 성장 중심 평가

[서] 성장 중심 평가는 학생 배움의 과정과 결과를 모두 평가하고, 피드백을 제공하여 학생의 전인적인 성장을 이뤄내도록 하는 평가 철학을 말합

니다. 경기 교육에서는 모든 학생들에게 배움이 일어날 수 있도록 하는 방법으로서 성장 중심 평가를 매우 강조하고 있습니다.

[결] 학생들이 성장 중심 평가를 받기 위해서는 교원의 평가 역량이 중요합니다. 저는 앞으로 평가 관련 연수에 참여해 전문성을 키우고 학생들에게 적절한 성장 중심 평가를 제공하는 교사가 되겠습니다.

35) 주제 중심 프로젝트 학습

[서] 경기 교육은 학습자의 학습 선택권을 확대하고 있으며, 자기 주도 학습 능력을 중요하게 생각하고 있습니다. 주제 중심 프로젝트는 학생 중심으로 프로젝트를 진행한다는 점에서 경기 교육에 적합한 교육 방법입니다.

[결] 학생들이 서로 협력하여 프로젝트를 성공적으로 해결할 수 있도록 안내자의 역할을 하는 교사가 되겠습니다.

36) 학생 주도 체험학습

[서] 학생 주도 체험학습은 학생들이 스스로 계획, 체험, 공유하여 미래 역량을 체득하는 경기도형 체험학습을 말합니다. 학생 주도 체험교육은 학습자의 주체성을 함양하고 적극적 참여를 유도한다는 점에서 중요합니다.

[결] 학생들의 주체성과 실천 의지를 신장시키기 위해 교사로서 학생들의 조력자 그리고 지원자 역할을 하겠습니다.

37) 마을 교육 공동체

서 "한 아이를 키우려면 온 마을이 필요하다."라는 말이 있습니다. 이는 교육의 범위가 학교에서 마을 공동체로 크게 확장되는 것을 의미합니다.

결 이렇게 마을의 인적 물적 자원을 활용하여 학생들의 배움을 이끌어 내는 것은 중요합니다. 이를 위해 마을 교육 공동체와의 유기적인 의사소통을 하는 교사가 되겠습니다.

38) 경기형 미래 학교

서 미래 사회에 적응할 수 있는 융합형 인재를 만들기 위해서는 교육도 미래 지향적으로 바뀌어야 합니다. 이때 학교와 교사는 학생이 주도적으로 학습을 실천할 수 있도록 지원하고 환경을 만들어야 합니다.

결 미래 학교에서 교육을 진행하기 위해서는 본론 내용(관계 형성, 디지털 역량을 갖춘 등) 할 수 있는 교사의 능력은 필수적입니다. 앞으로도 본론 내용을 위해 노력하는 교사가 되겠습니다.

39) 회복적 생활 교육

서 학급공동체의 신뢰하는 관계 형성을 위한 교사의 역할은 중요합니다. 교사의 적절한 회복적 생활 교육은 학생의 생활 전반에 큰 도움을 줄 수 있습니다.

결 앞으로 학생들이 존중과 공감을 통해 대화를 할 수 있는 교실, 자발적인 책임과 의무를 다하는 교실을 만들겠습니다.

40) 스마트폰 과의존 예방 교육

서 스마트폰 과의존 비율은 전 연령대에서 청소년이 37%로 가장 높다는 통계자료를 볼 수 있습니다. 교육 현장에서 효과적인 스마트폰 과의존 예방 교육은 중요한 숙제로 자리 잡고 있습니다.

결 학생들이 똑똑하게 스마트폰을 사용할 수 있도록 가정, 지역사회와 연계하고 소통하여 지도하는 교사가 되겠습니다.

41) 독서 인문 교육

서 "아무리 중요한 책이라도 그 절반은 독자가 만드는 것이다."라는 말이 있습니다. 이는 독자가 주도하여 생각하는 독서 교육이 중요하다는 것을 말합니다.

결 교사는 학생이 주도적으로 독서를 할 수 있도록 지원해야 합니다. 이를 통해 생각하는 힘을 가진 미래 인재를 양성할 수 있습니다.

42) 시민 교육

✎ 민주 시민 교육

서 민주 시민 교육은 학생들이 민주주의를 실현하는 훌륭한 시민으로서 필요한 자질과 역량을 기를 수 있는 모든 형태의 교육입니다. 학교에서 적절한 교육을 제공함으로써 학생들이 민주 시민으로서 사회에 참여하는 데 도움을 줄 수 있습니다.

결 2020년 청소년을 대상으로 한 통계에서는 약 87%의 학생들이 청소년이 사회에 참여할 필요할 필요가 있다고 말합니다. 학생들이 올바르게 사회에 참여할 수 있도록 지도하는 교사가 되겠습니다.

✎ 세계 시민 교육

서 세계 시민 포럼을 시작으로 세계 시민을 길러 내고자 하는 전 세계적인 노력은 지속되고 있다. 학교 교육은 세계 시민 교육을 통해 학생들이 세계 시민으로 성장하게 할 수 있습니다.

결 학생들에게 세계 시민 교육을 효과적으로 제시하기 위해서는 교사의 전문성이 필수적입니다. 현직 교사 직무 연수 프로그램에 참가하여 세계 시민 교육 능력을 위해 노력하겠습니다.

43) 문해력 향상 교육

서 최근 교육 현장에는 단어의 뜻이나 문장을 해석하지 못하는 학생들의 비중이 점점 늘어나고 있습니다. 초기 문해력을 가지지 못한 학생들에게는 교사의 많은 관심과 노력이 필요합니다.

결 학생들의 문해력을 향상시키는 것은 국어뿐만이 아닌 전반적인 교육 격차를 줄이는 데 큰 도움을 줍니다. 학생들의 문해력을 향상시킬 수 있도록 인지적 정서적 측면에서 많은 노력을 하겠습니다.

44) 평화 통일 교육

[서] 학생들은 학년이 올라갈수록 통일에 대해 많이 생각하지 않습니다. 이는 꾸준한 통일 교육을 제공해야 한다는 것을 말합니다.

[결] 통일과 관련해 많은 생각으로 가득 찬 학생들로 성장할 수 있도록 지도하는 교사가 되겠습니다.

45) 기후 위기 대응 교육

[서] 파리기후협정에서는 지구 온도의 상승폭을 1.5도로 제한하였지만, 현재 지구는 1.2도까지 빠르게 상승하고 있습니다. 이 상황에서 학생들에게 기후 위기 대응 교육을 제공하는 것은 중요합니다.

[결] 미래 사회를 살아가기 위해 기후 위기는 꼭 해결해야 하는 문제입니다. 우리 모두가 실천할 수 있는 교육을 통해 이 문제를 함께 해결하겠습니다.

46) 생태 생명 감수성 교육

[서] 물질 만능 풍조의 사회에서 인간의 존엄과 생명, 생태에 대한 존중과 공감을 하는 것은 중요합니다. 학교에서는 학생들이 생태, 생명 감수성을 키워주기 위해 노력해야 합니다.

결 인간과 자연은 생명의 공동체라고 합니다. 학생들이 인간과 자연이 함께 공존하는 생태계를 지향할 수 있도록 노력하는 교사가 되겠습니다.

3. 스터디 활용 방법

1) 서브 스터디(1:1)

✎ 시책 공부: 개인 공부가 느슨해질 때 채찍질하는 용도로 사용

✎ 본 스터디 후 피드백을 반영해서 당일에 심층 면접 한 번 더 돌리기

2) 본 스터디(4인)

✎ 심층 면접 소재 정리(시책 내용 정리, 정책 보도 자료 실시간으로 톡방에 공유하기)

✎ 정책 실천 방법 함께 고민하고 공유하기

✎ 실제 면접 연습(입실부터 퇴실까지 실제 대형 그대로 만들어 놓고 모의 면접 무한 반복하기)

*모의 면접 때 답변하는 자신의 모습을 동영상으로 촬영하면 나도 모르게 거슬리는 습관, 발성법, 답변 퀄리티 등 모든 부분을 상세히 피드백할 수 있다.

✎ 피드백(클로바 노트 활용하는 것 강력 추천)

3) 추가적인 팁

✎ 시책 공부 → 모의 면접 with스터디 → 스터디 피드백 반영, 자료 수정 → 시책 공부 → +a 무한 반복한다.

✎ 본 스터디에서 심층 면접 문제는 2명씩 묶어서 서로 다르게 운영하는 것이 좋다. 앞에서 누적된 피드백을 통해 자신의 질문을 답변할 때 답변 참고하는 것 방지하기 위해서이다.

✎ 서브 스터디 때 시간 부족하다면 심층 면접 모의 면접은 구상지 쓰는 것으로 대체하는 것도 괜찮다.

✎ 면접용 발성 만들기: 적당한 목소리, 수업 실연보다는 친절함보단 전문성을 강조하는 듯한 목소리로 한다.

✎ 심층 면접 D-1 서브 스터디 원과 zoom으로 마지막 모의 면접을 실시한다.

이때, zoom화면 뒤에 '화난 교수님', '엄격한 면접관' 검색해서 출력한 사진 3개 붙여 놓으면 은근 실전에서 도움 된다. 해당 사진 붙여 놓고 시선 잘 분배하며 웃으면서 답변하는 연습을 계속하면 실전에서 감을 더 살릴 수 있다.

임용 2차 합격의 2단계 : 수업 실연

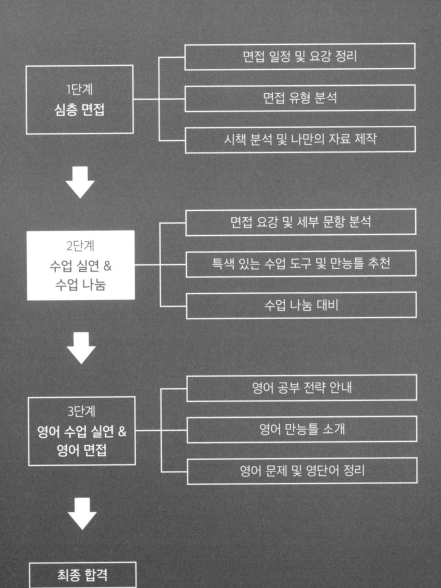

2단계에 들어가기 전 꼭 알아야 할 이야기

면접관들은 수업 실연을 보며 수험생들의 성패가 눈에 보인다고 말한다. 면접관들을 직접 인터뷰하고 설계한 전략들을 part 2에 녹여 냈다. 면접관을 끄덕이게 만드는 수업 실연을 위한 가이드라인을 제시한다.

1. 당신은 수업을 실연하는 수험생이 아닌, 한 교실을 가진 교사이다. 바람직한 교사상을 어필하라.
2. 주어지는 구상지의 내용들을 완벽하게 돌파하라.
3. 남들과 차별화된 만능틀로 면접관을 압도하라.
4. 면접장에서 내가 뱉는 모든 문장은 교육적 목표가 있어야 한다. 의미 없는 집중 구호는 치우고 배움을 이끄는 발화를 하라.
5. 2단계의 숨은 함정, 수업 나눔을 무기로 활용하라.

위 내용을 놓치지 않고 섭렵하기 위한 노하우를 2단계에 쏟아부었다. 이대로만 따라온다면 불가능할 것 같았던 수업 능력 평가 만점은 당신의 결과물이 될 것이다.

1. 친절하고 현명한 교사상으로 수업 실연을 찢어라

-

"따뜻한 교사상과 전문적인 수업 능력으로 면접관을 설득하라."

The   Secret   of   Winning   a   High   Score

혼돈은 그만, 수업 능력 평가 구성 완벽 정리

임용고시 2차의 메인은 2일 차 수업 능력 평가이다. 많은 수험생들이 스터디에서 가장 많은 시간을 할애하는 영역이기도 하다. 하지만 대부분의 수험생들이 형식적으로, 적당한 정도의 수준에서 정체되는 스터디를 운영하고 있다. 아무래도 수업의 노하우가 없을뿐더러 화려한 만능틀에 휩쓸려 본질을 잃기 때문이다. 멘토링으로 여러 명의 수험생들을 접하며 가장 많이 뜯어고쳐 줬던 부분이 수업 실연이었으며 해당 수험생들은 모두 초고득점을 이뤄 냈다. 멘티들은 입을 모아 "선생님, 10시간 스터디 저희끼리 한 것보다 1시간 멘토링 받은 거에서 훨씬 많은 것을 얻었어요."라고 말했다. 여기서 나는 '책을 쓰든 출강을 나가든 뭐라도 해야겠다.' 싶었다. 여러분의 무의미한 스터디와 잘못된 공부 방향을 바로 잡아 줄 내용을 지금부터 풀어 보고자 한다. 이대로만 해라!

실제 교실 상황을 가정하고 임하는 수업 능력 평가에서 이동 요령은 매우 중요하다. 준비성과 전문성이 드러나며 깔끔한 수업 실연을 완성할 수 있기 때문이다. 실전 경험이 없는 수험생일수록 어떻게 움직일지 허둥거릴 것이다. 그래서 경험자가 면접 배점의 절반을 차지하는 수업 능력 평가의 행동 요령을 명료하게 정리하고자 한다.

1. 수업 능력 평가 일정 및 배점

✎ 일정: 2일 차

✎ 배점: 50(실연 25+나눔 25)/100

✎ 문항 구성: 수업 실연, 수업 나눔 3문항

✎ 구상 시간: 25분(수업 실연에 대한 구상, 수업 나눔은 즉답형)

✎ 면접 시간: 수업 실연 15분+수업 나눔 10분

2. 고사실 이동 및 배치

대기실		구상실(25분)		평가실(15분)	
~8:30 입실 관리 번호 추첨 및 대기	➡ 개인 소지품 가지고 이동, 구상실 입실 시 개인 필기구 및 시계만 지참 가능, 나머지 옷이나 가방은 복도에 놓고 입실	수업 실연 문제지에 대한 구상 *구상지에 작성한 모든 내용은 평가하지 않음.	➡ 개인 소지품 가지고 이동, 평가실 입실 시 문제지와 개인 필기구 및 시계만 지참 가능, 나머지 옷이나 가방은 복도에 놓고 입실	1차 알림	시작령
				2차 알림	시작령 15분 뒤 수업 실연 종료 알림
				3차 알림	시작령 25분 뒤 수업 나눔 종료 알림

1) 입실 시 인사 위치

　인사를 하면 평가위원이 "교탁 옆 대기석에서 대기하고, 시작령이 울리면 교탁 앞으로 이동하여 주세요."라고 안내한다. 그럼 서서 끄덕이며 해당 내용을 잘 듣고 "감사합니다."라고 한 뒤 교탁 옆 대기석에 앉아 대기하도록 한다.

2) 수업 실연 위치

시작령이 울리면 평가위원이 "수업을 실연하십시오!"라고 안내한다.

그럼 15분 동안 준비한 수업을 **교탁 앞으로** 나와 실연하면 된다.(**교탁 뒤에서 실연 아님!**) 수업 실연이 끝나면 수험생은 "이상입니다!"라고 수업 실연 종료 표시를 알린다. 15분 동안 실연을 한 뒤 벨이 울리면 수업 나눔을 위한 답변석으로 이동한다.(해당 위치는 심층 면접 답변석과 위치가 동일하다) 만약 수업 실연이 15분보다 일찍 끝났다면 **대기석에서 대기 후** 벨이 울리면 수업 나눔석으로 이동한다. 평가위원이 "총 10분 동안 수업 나눔 3문항을 보시고 차례대로 말씀하십시오."라고 안내하면, 수험생은 답변석에 뒤집혀 있던 수업 나눔 문제지를 살펴본 뒤 10분 동안 시간을 스스로 분배하여 3문항에 대해 답변하면 된다. 수업 나눔 문항 답변 후 "이상입니다!"라고 종료 표시를 알린다.

* 평가 종료 시간 전에 수업 나눔 답변이 종료된 경우에는 조기 퇴실이 가능하다.

시작령 25분 이후 종료령이 울리며 평가위원이 "수고하셨습니다! 나가셔도 됩니다!(퇴실하십시오!)"라고 안내하면 수험생은 인사 후 평가실 감독관에게 문제지를 반납하고 퇴실하면 된다.

준비 운동은 필수, 스터디 시작 전 세팅 값

수업은 교사의 교직관이 명확히 드러나는 시간이다. 즉, 아무 준비와 고찰 없이 수업을 한다면 '누구나 할 수 있는 수업'이 되는 것이다. 우리는 전문가이다. 바른 교직관을 바탕으로 수업을 통해 배움을 실현하는 전문가이다. 전문적인 수업을 위해 예비 교사들은 반드시 고심의 과정을 거쳐야 한다. 그리고 이러한 고민의 과정이 고사장에서 적나라하게 드러날 것이며, 면접관들을 설득시키는 힘이 된다.

1. 수업 실연을 마주한 예비 교사로서의 마인드 set

수업 능력 평가에서는 '교사로서의 학습 지도 능력과 의사소통 능력'을 평가 영역으로 삼는다. 즉, 여러분들이 '얼마나 수업을 잘하는지(=교과지식 및 교육과정 이해도, 수업 구상 능력)'와 '얼마나 학생들과 상호작용을 잘하는 교사인지'를 평가하겠다는 거다. 하지만 교생실습을 통해 수업 몇 번 해 본, 그마저도 부족한 것들이 많았던 나인데 어떡해야 할지 앞이 깜

깜할 것이다. 25분의 구상 시간이 아니라 이틀을 꼬박 준비해도 어려운 것이 수업임을 교생 때 한 번쯤은 느꼈을 것이다. 또한 학생들이 앉아 있지 않는 상황에서 도대체 어떻게 소통 능력을 보여 줄 수 있단 말인가?

수업 실연은 '연극'이다. 15분 동안 40분짜리 수업을 응축해 실연하기 때문에 상세한 교과 지식을 전달할 필요도, 예측 불가능한 학생들과 씨름할 필요도 없다. 조건에 주어진 내용을 살을 덧붙여 전달하면 되고, 학생들의 대답과 행동을 내 마음대로 구성할 수 있다. 이 특징을 이용해서 면접관들에게 '나는 전문성과 발전 가능성을 갖춘 교사'이자 '학생들과 상호작용하는 친절한 교사'임을 어필하면 된다. 증명이 아니라 어필이라는 점을 통해 부담을 덜면 좋을 듯하다.

자, 그럼 여러분이 해야 할 것은 주어진 시간동안 남들과 다른 나의 학습 지도 능력과 의사소통 능력을 어떻게 어필해야 할지를 고민하는 것이다. 지속적인 연습과 고민의 시간을 통해 이 두 가지 능력을 충족해 나가야 한다. 어떤 전략과 연습으로 이를 충족할지를 계속 고심하라!

2. 수업 실연 시 챙겨야 할 체크리스트

수업 실연을 연습하며 지속적으로 신경 써야 할 것들이 많다. 실제 본인의 스터디 피드백과 후배 멘토링에서 언급되었던 중요한 피드백들을 종합해 보았다. 이것을 메인 체크리스트로 생각하고 해당 내용만 제대로 충족

한다면 좋은 수업 실연을 할 수 있다. 이 체크리스트는 스터디 20회가량의 피드백 효과를 낼 수 있으리라 생각한다.

1) 수업 실연 모든 조건을 정확히 충족했는가?

절대 조건을 누락해서는 안 된다!

→ 구상지 마지막 검토 때 형광펜으로 내가 작성한 구상지의 조건 충족 구간에 표시해 놓기

이 방법은 조건 누락 검토뿐만 아니라 수업 나눔 시 조건 충족 구간을 묻는 질문에 빠르고 정확하게 대답할 수 있다.

→ 조건 충족 시에 면접관들에게 명확히 싸인 주기

조건 충족 전 짧게 호흡하고 면접관 바라보며 '나 지금 조건 해요. 잘 봐유!'라고 꽂아 주어야 한다.

2) 조건 충족 시에 조건지에 언급된 키워드를 명확히 언급해 주기

인위적이지 않게 교실 용어로 잘 수정해서 언급하는 것이 좋다.

예) 성취 역량: '의사소통 역량' → "우리 도연이가 모둠 구성원과 함께 소통하는 모습이 정말 대단하네요.", "모둠 활동을 통해 우리 교실에서 의사소통이 샘솟는 것 같아 선생님은 매우 기쁩니다!"

3) 도입/전개/정리 활동 명확히 구분하기

✎ 도입: 전시학습 복습, 동기 유발, 학습 목표 및 배움 활동 안내

✎ 전개: 성취 기준을 충족하는 활동1~3. 경우에 따라 활동 개수는 변동 가능

✎ 정리: 본시 학습 복습, 후속 차시 예고

※ 영역 간 실연해야 할 것들이 섞이면 안 된다.

4) 활동 시간 정도는 교사가 직접 정해서 안내하기

학생들의 자율성을 위해 "~활동은 시간을 얼마나 주면 좋을까요?"라고 묻는 수험생들이 많다. 하지만 실제 현장에서는 고학년조차도 활동 시간을 정확히 제시하지 못하는 경우가 많다. **활동 시간 정도는 교사가 먼저 제안하고 학생들의 상황에 따라 추가 시간을 주는 방식**으로 운영하는 것이 오히려 전문성을 어필하는 방법이다. 시간마저 학생들에게 끌려다니면 수동적으로 보여진다.

5) 활동명은 직관적으로 어떤 활동을 할지 제대로 드러나야 한다. 창의성보다 전달력이 더 중요하다.

예) '토의해요! 우리 마을의 환경 보호 방법!', '추론해요! 구름이 생기는 이유!'

6) 활동은 반드시 성취 기준과 학습 목표 달성을 위해 나아가야 한다. 성취 기준과 학습 목표를 어떻게 달성할 것인지 활동과 연관해서 생각하라! 내가 하고 싶은 활동이 아니라 학습 목표 달성을 위해 가장 효과적인 활동이 옳다.

7) 활동을 설명할 때는 무조건 간결하게, 단계를 활용한다. 단계는 3~4단계 정도가 적합하다.

✏️ 1단계: 활동 형태 설명
예) 이 활동은 개인/짝/모둠 활동입니다. 이 활동은 4명씩 1모둠으로 진행되는 '피라미드 토의'입니다.

✏️ 2단계: 활동 주제 설명
예) '우리 마을의 환경 보호'를 위해 어떤 것들을 실천할 수 있을지 토의하겠습니다.

✏️ 3단계: 학생이 해야 할 행동 안내. 이 부분은 1~2단계로 세분화 가능
예) 여러분들은 모둠원들의 의견을 존중하며 귀 기울여 듣고, 자신의 의견을 이야기할 때는 또박또박 적당한 목소리의 크기로 이야기합니다.

✏️ 4단계: 보조 도구 안내

예) 선생님이 모둠 활동 바구니에 토킹 스틱과 학습지를 넣어 두었습니다. 두 가지 도구를 활용하여 아이디어가 샘솟는 토의를 이끌어 나가 보아요.

8) 활동 설명 시 비언어적 표현 활용하기

손가락으로 각 단계를 표시하며 간결하고 전달력 있게 안내하는 것이 좋다. 활동 안내는 학생들에게 가장 전달력 있게 제공되어야 한다는 사실을 잊지 말라.

9) 활동 단계가 길어진다면 보조 도구 활용하기

'활동 레시피', '활동 안내서' 활용하기

예) 여러분들이 이번 활동에서 해야 할 단계가 많은 것 같아 선생님이 활동 레시피를 준비했습니다. 각 모둠별로 활동 단계가 적힌 활동 레시피를 하나씩 드렸으니, 차근차근 단계별로 활동하길 바랍니다. 도움이 필요하다면 언제든지 손을 들어 주세요.

→ 교사의 세심함과 활동 전달의 철저함이라는 두 마리 토끼를 충족할 수 있다.

10) 수업 실연 때 구상지 배꼽에 붙이고 '참고'하며 실연하기. 최대한 구상지에 의존하지 않기.

Tip 순회 지도하며 구상지에 학생들 관찰 및 기록하는 척하며 구상지 보기

교사의 관찰, 기록, 평가의 모습을 면접관에게 보여줄 수 있다. 동시에 구상지 합법적으로 응시할 수 있다.

11) 시선 처리는 안정적으로 하기

너무 시선 자주 바꾸지 않고 한두 문장 하고 시선 한 번 이동하기

12) 손짓 정리하기

정신 사납게 하지 않고 필요한 동작만 하기

13) 순회 지도 루틴 미리 정해 놓기

✎ 시계 방향/시계 반대 방향

✎ 조건 아동 지도를 위해 멈출 위치 미리 정해 놓기. 면접관이 나의 표정과 몸짓을 잘 볼 수 있는 위치로 해야 한다. 면접관과 너무 가까우면 부담스러우니 적당한 위치를 잘 설정해야 한다.

14) 교과 지도 내용을 어느 정도는 언급하기(국어, 과학, 사회, 수학)

단순히 조건만 충족하는 실연이 아닌 교과 지식 전문성도 어필할 수 있으

면 좋다.

예) 오늘은 '우리 마을의 환경 보존 방법'에 대해 토의하겠습니다. 지난 시간에 토의의 정의에 대해 배운 것 기억나나요? 맞아요. '토의란, 공동의 문제를 해결하기 위해 사람들이 모여 이야기하며 가장 좋은 해답을 찾아가는 방법'이라고 배웠어요. 그럼 토론과 토의의 차이점을 알고 있나요~?

15) 학생들의 발표 내용을 교사가 재진술하기

예) 우리 민제가 큰 목소리로 잘 발표해 주었네요. → 아 우리 민제가 우리 마을 산책로 플로깅 활동을 통해 환경을 보전할 수 있다고 발표해 주었네요.

16) 너무 이상적인 방향보단 현실감 있는 것이 더 좋다.

예) 와, 선생님이 e-학습터에 올려 준 자료를 수업 전 모든 학생들이 다 보고 왔네요.(X)

선생님이 어제 오늘 수업과 관련해서 e-학습터에 자료를 올려 주었는데요. 아직 확인하지 못한 친구들이 6명 있네요. 확인하지 못한 친구들은 태블릿으로 빠르게 자료를 확인하도록 합니다. 나머지 학생들은 선생님이 올려준 자료를 보며 어떤 생각이 들었는지 학습지에 정리해 보도록 합시다.(O)

3. Ctrl CV 만능틀 사이에서 두각을 드러내는 법

면접관들도 사람이다. 25분간 약 17명의 수험생들을 만나며 똑같은 조건의 실연을 계속 보아야 한다. 지루하지 않겠는가? 이때 이목을 끌고 면접관들을 흐뭇하게 하기 위한 몇 가지 스킬을 소개하고자 한다.

1) 나만의 도구 만들기

선배들에게 물려받은 만능틀에 나온 도구, 활동들이 내 교직관, 교실상과 맥락이 맞는지 확인하라. 그리고 내 교직관과 교실상을 담은 나만의 도구, 활동들로 재구성하라! 내가 활용하는 도구와 활동들은 모두 나의 고민이 담겨 있어야 하고, 해당 도구와 활동이어야만 했던 설득력이 뒷받침되어야 한다.

본인은 선배들의 만능틀을 받았을 때 활동을 구상하는 방식이 만족스럽지 못했다. 학생 자율성을 강조한다는 명목하에 교사가 수업 주제를 제시하면 실시간으로 학생들이 활동을 제안하고 정해 전개를 이끌어가는 방식이었다. 하지만 과연 이 방식이 현장에서 가능할까? 그리고 수업을 미리 계획하고 설계하는 교사의 전문성은 어디로 간 것인가? 그래서 나는 '배움 우체통'이라는 도구를 만들었다.

학생들이 일주일 전 교사가 나눠준 주간학습안내를 살펴보고 해당 학습 주제와 관련하여 하고 싶은 활동들을 배움 우체통에 넣는다. 그럼 사전에 교사가 이를 확인하고 적합한 활동으로 수업을 설계한다. 그럼 학생의 자율성과 교사의 전문성을 충족하는 활동 구성 방식이 될 것이다.

이처럼 만능틀을 나만의 것으로 수정하고 각색해야 한다. 그에 대한 근거를 함께 생각해 놓으면 이는 수업 나눔을 찢는 무기가 된다.

2) 수업 중 발화 구체화하기

주어진 조건과 만능틀만을 적용한 추상적인 수업 실연은 면접관을 지루하게 만든다. 제시된 학습 주제와 관련하여 '학생들은 어떤 아이디어를 제시할 수 있을지?', '교사와 학생이 수업 중 어떤 대화를 나누며 배움을 성취할지' 등에 고민하는 자세가 중요하다. 이를 고민한다면 자연스럽게 학생 칭찬, 교사-학생 발화 등이 구체화된다.

예를 들어 '탄소 중립'에 대한 토의 수업이 진행된다고 가정하자. 이때 순회 지도와 학생 발표에 대한 피드백이 그냥 "2모둠에서는 서로의 의견을 존중하며 소통하고 있네요", "우와, 우리 동연이가 큰 목소리로 발표를 잘 했네요."인 것과 "2모둠에서는 쓰레기를 줍자는 소연이의 의견과 재활용을 하자는 시현이의 의견을 모아 '우리 동네에서 플로깅 활동을 하고 모은 쓰레기를 재활용하자'고 제안하고 있네요. 서로의 의견을 모아 더 나은 의견으로 발전시키는 모습 훌륭합니다.", "동연이는 탄소 중립에 대해 업사이클링 활동을 제안했네요. 창의적인 의견 칭찬합니다."인 것은 확연히 다르다.

이러한 스킬은 하루아침에 늘기 어렵다. 다양하고 많은 문제들을 접해 보며 순발력을 기르고 다양한 학생 발화를 마련해 놓자. 그렇게 성장한다면 반드시 여러분들은 17명의 수험생들 중 가장 눈에 띄는 수험생이 될 것이다.

3) 사소한 부분에 센스 밀어 넣기

이 내용은 부수적인 부분이다. 보통 만능틀을 보면 모둠 이름을 '사랑, 협력, 소통' 등의 가치를 바탕으로 한 모둠 이름이 많다. 현역 때 만능틀을 광적으로 수정하다 보니 이 부분도 마음에 들지는 않았다. 물론 경기도에서 제시하는 인성 교육 모델에서는 '존중, 책임, 배려, 감사, 협력, 정의'를 6가지 중심 가치로 제시하고 있다. 해당 내용을 인지하고 모둠 이름으로 적용하는 것과 그냥 만능틀을 따르는 것은 차이가 있을 것이다. 이를 알고 있다면 수업 나눔에서 '학생들의 소통 활동이 원활히 일어나도록 어떤 노력을 했습니까?'라는 질문에 "모둠의 이름을 경기 인성 교육 모델이 제시하는 6가지 가치로 구성하였습니다. 각 모둠이 해당 가치를 인지하고 집중하며 소통을 할 수 있도록 분위기를 조성했습니다."라는 답변을 할 수 있다.

하지만 위의 질문이 수업 나눔에서 나올지도 모르고, 면접관들이 알아서 내가 경기 인성 교육 모델을 적용했음을 알아줄 가능성은 희박하다. 그래서 본인은 모둠 이름을 해당 주제의 유명인이나 관련 분야 사물로 정하곤 했다. 예를 들어 과학 관련 주제라면 '아인슈타인, 노벨, 정약용, 에디

슨, 장영실, 뉴턴'이 등장하고 역사나 사회 관련 주제라면 '세종대왕, 유관순, 안중근, 이순신, 광개토대왕, 서희'가 등장한다. 별거 아닌 것 같기도 해도 의외로 여러 스터디와 컨설팅에서 좋은 피드백을 받았다.

하나씩 떠먹여 주는 문항 분석

구상실에서는 수업 실연을 위한 조건들이 와르르 쏟아진다. 이때 많은 수험생들은 어떤 조건부터 어떻게 충족시켜야 할지를 고민한다. 채점의 기준이 되는 조건들을 정확하게 충족하는 요령을 제시한다. 형식적이고 무의미한 조건 충족이 아닌, 현직 교사들이 끄덕일 만한 조건 충족을 위해서는 많은 고민이 필요하다. 조건 충족의 과정에서 수험생의 교육관이 드러난다. 쏟아지는 조건들을 충족하며 '교직 적합성, 친절하고 따스한 교사상, 현명한 교육자'를 드러내는 방법을 소개하고자 한다. 동시에 많은 수험생들이 혼란스러워하는 질문들을 꼬집어 답변하고자 한다.

1. 실연 범위에 대하여

실연 부분을 정확히 이행하는 것이 중요하다. 의외로 많은 수험생들이 스터디를 반복하고 만능틀이 안정화될수록 어필하고 싶은 내용이 많아져 실연 범위를 혼재하는 실수를 하곤 한다. 하지만 이는 조건 불충족으로 감점 요소가 될 수 있다.

1) 도입: 전시학습 복습, 동기 유발, 학습 목표 및 배움 활동 안내

2) 전개: 성취 기준을 충족하는 활동 1~3. 경우에 따라 활동 개수는 변동 가능

3) 정리: 본시 학습 복습, 후속 차시 예고

위 '수업 실연 시 챙겨야 할 체크리스트'에서 언급했듯이 각 단계별 활동은 위와 같다. 해당 내용을 다음 내용을 통해 명확히 정리하고자 한다.

도입	전개	정리

→ 전시 학습 복습~활동2의 활동 시작 안내

도입	전개	정리

→ 동기 유발~활동3

도입	전개	정리

→ 활동1~활동3

도입	전개	정리

→ 활동 2~정리

위 경계를 정확히 하여 조건을 제대로 지키길 바란다. 욕심 때문에 뒤에 정작 해야 할 내용을 누락해 버리는 대참사는 일어나지 않도록 유의하라!

하지만 사람 마음은 내가 준비한 것들을 최대한 보여 주고 싶을 것이다. 그래서 조건을 지키며 앞에서 하는 내용을 간략히 어필하는 방법을 추천한다. 만약 전개부터 시작인데 도입에 무슨 활동을 언급해야 자연스러울 것 같다면, "선생님이 수업을 시작하며 ~라고 했었죠?", "우리 아까 수업을 시작하며 ~활동을 했어요." 등으로 사전에 어떤 활동을 했는지 언급을 해 주면 된다. 그렇다면 면접관들도 수업의 전체적 흐름을 더 쉽게 이해할 수 있어 만족해할 것이다.

2. 성취 기준 및 학습 목표 조건 충족에 대하여

많은 학생들이 "성취 기준도 모두 충족해야 하나요? 조건이 너무 많아요. 어떻게 이걸 15분 동안 다 충족해요… ."라고 말한다. 또한 해당 학습 목표보다 제시된 성취 기준들이 너무 포괄적 범위라 한 수업에서 해당 성취 기준들을 모두 충족하는 것은 무리여 보이기도 한다.

자, 정확히 알려주겠다. "성취 기준은 모든 조건들 중 우선순위가 가장 뒤로 밀리는 조건이다. 단 학습 목표는 해당 수업의 목표이므로 충족해야 한다."(해당 문장은 실제 면접관이셨던 선생님의 말을 그대로 옮겼다)

성취 기준은 해당 단원이나 프로젝트 차시 전체를 통해 성취되어야 할 포괄적 목표들이다. 즉, 본 수업 차시를 포함한 연계 차시에서 누적적으로 성취 기준은 성취되면 된다. 그리고 본 차시에서 성취할 성취 기준은 제시된 여러 개의 성취 기준들 중 '학습 목표와 가장 연관성 있는 성취 기준 1~2개'이다. 나머지 성취 기준들은 다른 차시에서 어떻게 성취할지 대충만 생각해 놓으면 된다.

1) 본 차시의 학습목표 충족을 위해 어떤 성취 기준이 적용될지
2) 나머지 성취 기준은 전, 후속 차시에서 어떻게 충족될지

이 두 가지만 명확히 한다면 학습 목표와 성취 기준 조건 충족은 완벽히 해내는 것이다.

3. 조건 아동에 대하여

조건 아동 지도는 수업 실연 조건에서 중요한 조건 중 하나이자, 수업 나눔 단골 출제 문제이다. 동시에 수많은 수험생들 사이에서 차별점을 두고 격차를 벌리기 아주 적합한 도구이다. 해당 조건 아동을 어떻게 지도하고 변화시킬지에 대해 지속적으로 고민하고 이해해 간다면 반드시 면접관들에게 감동을 주는 실연을 할 수 있다. 감동과 고찰을 담은 조건 아동 지도를 위해 몇 가지 방법을 제안하고자 한다.

1) 조건 아동의 상황 구체화하기

순회 지도를 돌며 조건 아동 지도 조건을 충족할 때 첫 발화는 '학생 행동을 서술하는 것'이 가장 자연스럽다. 교사가 순회를 돌다 문제 행동을 발견하고 자연스럽게 지도를 하는 맥락이다. 이때 학생의 행동을 구체적이고 현실적으로 서술할수록 수험자가 조건 아동의 특성을 정확히 이해하고 있음을 어필할 수 있다. 학생의 행동을 있는 그대로 서술하고 대처한다면 학생의 부정적 행동을 부각한다는 인상은 크게 남기지 않을 테니 걱정하지 않아도 된다. "우리 수혁이는 피곤한가요? 졸고 있네요. 어제 몇 시에 잤나요? 새벽 4시에 잤다고요? 뭘 하다 그렇게 늦게 잤나요? 게임을 하다 그랬군요…." 이렇게 조건 아동 지도의 문을 연다면 해당 수험생은 '인터넷 과의존 학생'에 대한 이해도를 증명하고 수업 실연과 수업 나눔을 더욱 풍부하게 이끌어 갈 수 있다.

2) 조건 아동의 마음 및 문제 행동의 원인 정확히 파악 및 이해하기

실제 현장에서도 문제 행동을 하는 학생들은 모두 원인이 있다. ADHD라는 병명을 가진 학생도 해당 질환 때문에 문제 행동을 하는 것도 있지만, 교실 상황에서 파고들어 보면 '수업 내용이 이해되지 않고, 수업 시간에 무얼 해야 할지 모르기 때문'이라는 원인을 찾아낼 수 있다. 물론 같은 질환이어도 수많은 행동적 특성이 가지각색으로 드러나지만, 제한된 면접에서는 각 상황별 한 가지 특성만 마련해 놓아도 충분하다. 학생 행동의 원인을 파악하고 본질적인 감정과 마음을 살펴 주는 과정을 통해 따뜻하고 전문성 있는 교사임을 드러내라!

"돌아다니며 사물함과 게시판을 구경하고 있네요. 민호는 지금 어떤 마음인가요? 아하 우리 민호는 책상에 앉아서 글씨를 쓰는 것보다 교실을 돌아다니는 것이 더 재미있다고요? 그럴 수 있지요. 그럼 지금 선생님과 함께 교실을 한 바퀴 돌면서 다른 친구들이 어떤 활동을 하고 있는지 알아내 볼까요? (작게 교실 한 바퀴를 돈다) 자, 선생님이 낸 퀴즈의 정답을 찾았나요? 우와 맞아요. 우리 민호가 집중해서 살펴보며 지금 친구들이 '환경 보존'에 대해 토의하고 있다는 걸 알았네요. 선생님과 수업 시간에는 활동에 참여해 보기로 약속했던 거 기억나나요? 움직이는 활동도 좋지만 수업 시간에는 함께 하는 활동에 참여해야 해요. 민호는 그럼 쓰레기를 재활용해 본 기억이 있나요? 아하, 할머니와 함께 분리수거를 지난 주말에 했었군요. 그럼 이 경험을 지금 모둠으로 돌아가 토킹 스틱을 번쩍 들고 모둠 친구들에게 나눠 줄 수 있을까요? 좋습니다. 다시 모둠으로 돌아가 활동에 참여해 보도록 합니다."

3) 조건 아동의 장점을 도구로 활용하기

조건 아동을 문제 아동으로 인식하고 해당 문제 해결만을 조건 충족으로 달성하는 것이 대부분의 수험생들이다. 하지만 모든 학생들은 각자의 장점을 가지고 있다. 그리고 그것을 발견하여 성취의 경험을 제공하는 것은 교사의 역할이다. 위기를 기회로! 조건 아동이 가진 문제를 장점으로 전환하라!

다문화 학생의 경우는 '한국어 능력 부족'이라는 단점이 있지만 '이중 언어' 또는 '해외 경험 및 외국인 학부모를 통한 넓은 간접 경험'이라는 장점이 있다. **학생의 모든 경험은 교사가 수업에 활용할 수 있는 최고의 도구이다.** 단순히 한국어를 어려워하는 다문화 학생을 수업에서 열등한 존재로 취급하는 것이 아니라, '세계화 시대의 외교관 역할을 하는 중재자'로 확장시킨다면 어떨까?

다음은 다문화 학생이자 난민 학생에 해당하는 조건 아동 지도 예시이다.

"장영실 모둠에서는 토킹 블록(발화할 때마다 중앙의 토킹 블록을 자기 앞에 하나씩 쌓는다. → 토의 시 발화의 횟수를 서로 체크하고 조정할 수 있다) 개수의 차이가 보이네요. 소냐는 '현재 인류의 가장 큰 문제'가 무엇이라고 생각하나요? 앗, 소냐가 인류의 문제라는 무거운 주제에 대해 생각을 하다 보니 슬픈 생각들이 들었나보네요. 잠시 선생님 자리로 가서 이야기를 나눠도 괜찮을까요? 다른 모둠 원들은 먼저 이야기를 나눠주세요.(이동) 소냐, 눈물을 보인 이유를 천천히 이야기해 줄 수 있겠어요? 아하 소냐는 어렸을 때 난민 대피소에 가서 지냈던 경험이 떠올라 슬픈 감정이 들었군요. 솔직히 이야기해 주어 고마워요. 현재 난민 문제는 지구촌에서 많은 사람들을 슬프게 하는 문제 중 하나예요. 하지만 우리나라 사람들은 그 심각성에 대해 잘 모르고 있죠. 선생님은 이런 경험을 가진 소냐가 친구들에게 세계의 문제를 알려줄 외교관의 역할을 할 수 있다고 생각해요. 물론 아픈 경험을 이야기하는 것은 큰 용기가 필요하기 때문에 소냐의 마음이 너무 힘들다면 환경오염, 인종 차별 등의 다른 문제에 대해 이야기해 보아도 좋아요. 한국어로 이야기하기가 어렵다면 그림을 그려도 좋고, 선생님의 도움을 받아도 좋으니 편하게 이야기해 볼까요? 이제 진정이 좀 됐나요? 와, 용기를 내서 친구들에게 난민 문제의 심각성을 이야기해 보겠다고요? 슬픈 경험을 자신의 무기로 바꾸어 내는 소냐를 보며 선생님도 큰 용기와 배움을 얻었어요. 그럼 다시 모둠으로 돌아가서 이야기해 봅시다."

4) 조건 아동의 변화 과정 보여 주기

조건 아동을 일회성으로 지도하는 것보단 활동 발표나 다음 활동을 통해 해당 학생이 성장한 모습을 보여 주는 것도 좋은 방법이다. 그렇다면 수업 나눔에서 할 말이 더 많아지기도 한다. 해당 아동을 '~하게 지도했고, 이러한 교사의 지도를 통해 ~하게 성장했다.'라고 이야기한다면 조건 아동 지도의 효과와 결과를 어필할 수 있다.

앞서 이야기했던 ADHD 학생 민호를 해당 활동 발표에서 활용한 예시이다.

"네, 다음으로 세종대왕 모둠의 발표를 듣겠습니다. 와~ 세종대왕 모둠에서는 쓰레기 분리수거 방법에 대해 발표해 주었네요. 가족들과 함께 '분리수거의 날'을 만들고 누가 더 분리수거를 빨리하는지 대결을 하는 게임도

할 수 있다는 것이 매우 인상적이었어요! 아하, 시현이가 민호의 생생한 경험을 듣고 낸 아이디어라고 하네요! 서로의 경험을 경청하고 나누며 창의적인 아이디어로 발전시켜 나가는 모습이 대단합니다. 이게 진정한 협력 아닐까요? 발표를 할 때 우리 민호가 직접 분리수거를 하는 모습을 움직임으로 표현해 주어서 더 생동감 있게 전달되었던 것 같습니다. 수고했습니다."

조건 아동별 대처 방법 총정리

1. 다문화 - 한국어 능력 부족(다니엘)

1) 행동 특성(저학년): 활동 이해가 어렵다.

2) 지도 방법

  ✎ 교사와 직접 만든 한국어 사전(글과 그림, 외국어 설명이 포함되어 있다)

  ✎ 짝꿍의 자발적 도움 제공

3) 행동 특성(고학년): 몇몇 생소한 한국어 단어 이해가 어렵다.

4) 지도 방법

  ✎ 태블릿 검색

  ✎ 짝꿍의 자발적 도움 제공(단순 도움을 받는 수동적 존재에서 나아가, 나연이는 다니엘에게 국어를 알려주고, 다니엘은 나연이에게 영

어를 알려주며 함께 성장하는 모습으로 칭찬한다)

2. 다문화 – 난민(소녀)

1) 행동 특성: 어렸을 때 슬픈 기억 내재되어 있어 방어적 성향이 있다.

2) 지도 방법

　① 감정적으로 격해진 상황 → 분리하기

　② 진정시키기 & 이야기 들어 주기

　③ 세계의 문제를 해결하는 외교관 역할임을 인지시키기

　④ 용기를 낼 수 있는 환경 제공하기

　⑤ 강압적 활동 참여가 아닌 자발적으로 선택할 수 있도록 여러 개의

　대안 제시하기(난민 외의 다른 주제로도 참여할 수 있도록)

　⑥ 추후 해당 학생의 긍정적 영향으로 인한 모둠의 성장 보여 주기

3. ADHD

1) 행동 특성

　🖉 교실을 돌아다니며 뒤 게시판의 그림들 구경하고 있다.

　🖉 구두로 많은 활동이 안내되는 수업에 집중이 어렵다.

　🖉 원인: 질환 특성상 집중력이 낮고 수업 시간 집중 자체가 어렵다. 이

　러한 행동 특성은 본인의 의도가 아닌 질환 때문이다.

2) 지도 방법

① 교실 한 바퀴 돌며 다른 친구들의 활동 관찰하기(움직임을 좋아한다
는 특성 반영)

② 그럼에도 수업 시간에는 활동에 참여해야 함을 안내하기. 이때 교사
가 이전부터 지속적으로 소통하고 지도하고 있어 왔음을 드러내면 더
좋음. "선생님과 계속 약속하고 있죠~?"

③ 학생이 활동에 참여할 수 있도록 먼저 교사가 내용을 끌어내고 해당
학생의 장점 활용하기(목소리가 크고 실감 나게 손짓을 쓸 수 있으니
활용하여 설명하면 모둠원도 좋아할 것이다

④ 무슨 활동을 해야 할지 모르겠다면 '활동 레시피' 참고하도록 안내하기

⑤ 추후 모둠 원들의 도움과 해당 학생의 노력이 합쳐져 모둠 전체가
성장한 것 보여 주기

4. 인터넷 과의존

1) 행동 특성: 수업 시간에 졸고 있다.(전날 새벽 4시까지 게임을 하느라
충분한 숙면을 취하지 못했다)

2) 지도 방법

① 원인 파악하기

② 전에 선생님과 약속했지만 이번에 잘 지키지 못한 것으로 파악하기

→교사의 지속적인 지도가 있었음을 우회적으로 표현하기

③ 다시 한번 약속 & 격려하기

④ 수업 시간에 집중할 수 있도록 스트레칭으로 잠 깨우기

⑤ 학생의 장점을 활용해서 참여시키기(인터넷 과의존이라는 것은 다른 말로 디지털 기기 활용 능력이 매우 우수하다는 것이다. → 구글링과 유튜브 영상을 찾는 능력이 매우 탁월하다. → 모둠 친구들이 찾지 못한 내용을 잘 찾아낼 수 있다. 디지털 기기 조작 부진 학생을 도울 수 있다.)

⑥ 추후 해당 학생의 장점으로 인해 모둠이 성장한 모습 보여 주기

5. 정서행동장애(분노 조절 장애)

1) 행동 특성: 모둠 활동 시간 자신이 발언권을 얻지 못했다는 이유로 소리를 지르고 책상을 두드리고 있다.

2) 지도 방법

① 교실에서 복도나 교사의 자리 옆으로 분리하기

분리 전 해당 모둠 학생들에게 간단하게 원인 파악하는 것도 괜찮다.

② 해당 학생 감정 진정되는 것 기다려 주기

③ 감정 진정되면 이전에 약속했던 '감정 구호' 외치기("차분하게 이야기하고, 함께 경청해요.")

④ '감정 코칭 5단계'로 지도하기

⑤ 다시 모둠으로 돌려보내며 서로 존중하고 배려하도록 한 번 더 강조하기

⑥ 추후 위기를 해결하고 함께 성장한 모둠 전체의 성장 보여 주기

감정 코칭 5단계 by 존 가드너

1) 학생의 감정 인식하기
2) 감정적 순간을 교육의 기회로 삼기
3) 학생의 감정에 공감하고 경청하기
4) 학생이 감정을 표현하도록 도와주기
5) 학생 스스로 문제를 해결할 수 있도록 하기

6. 학습 부진/학습 의욕 부재

1) 행동 특성

✎ 활동 참여 안 하고 무기력하게 앉아 있다.

✎ 원인: 누적된 실패의 경험으로 인한 자존감과 학습 의욕이 저하되어 있다.

✎ 장점: 미술 능력이 탁월하다.

2) 지도 방법:

① 현재 상태 파악하기(교사: 활동은 이해했는지, 왜 안 하고 있는지 확인하기 → 학생 답변: 그냥 하기 싫고 해도 잘못할 것 같아서 안 하고 있는 상황)

② 지난 성공의 경험 언급해 주기(처음에 어려워했다가 결국 친구들과 함께 멋진 캠페인 영상을 제작했었다. 이때 미술을 잘하는 해당 학생의 그림 소품이 큰 역할을 했다.)

③ 이번에도 장점을 활용해 활동에 참여해 볼 것을 제안하기 → 표현의 방식에 자율성 부여하기

④ 의욕 충전도 확인 및 격려하기

⑤ 추후 해당 학생의 장점이 반영된 결과물 칭찬, 열심히 참여한 참여도 칭찬하기

7. 신체적 장애

1) 시각 장애: 오디오 자료 제공, 큰 단어 자료, 보조 책상, 확대경 + 또래 도우미

2) 청각 장애: 시각 자료(활동 설명지, 단어 설명지 등 제공), + 또래 도우미

3) 신체적 장애: 간단한 손 조작 활동 제공, 말로 표현할 수 있도록 안내 + 또래 도우미

8. 디지털 기기 조작 어려운 학생

1) 행동 특성

🖉 디지털 기기 활용 활동에 반감을 보인다.

🖉 키보드 자판 활용, 검색 활동, 어플 활용 모두 어려워한다.

→ 학급에서는 일주일에 3번 아침 활동으로 타자 연습, 검색하기를 지도하고 있다.

2) 지도 방법

① 활동 시작했는데 아무것도 안 하고 멍하게 있는 상황

② 원인 파악하기

→ 학생 답변: "검색 뭐라고 해야 할지 모르겠다."

③ 우선 사이트 접속해 볼 것 지시하기, 아침 활동 언급하며 해봤던 것이니 할 수 있음을 안내하기

④ 해당 주제 재언급하기 → 어떤 키워드를 쓸 수 있을지 말해 보도록 하기

⑤ 검색 매뉴얼과 추가 검색 키워드 교사가 제공하기

⑥ 키보드 활용해서 검색한 후 알게 된 내용을 종이에 정리해 보도록 안내하기

⑦ 어려우면 옆에 친구와 협력할 것을 안내하기

⑧ 추후 활동에 잘 참여해서 좋은 결과를 산출한 것 칭찬하기

4. 순회 지도에 대하여

1) 순회 지도 범위

순회 지도 시에는 수업 나눔석과 면접관 사이의 공간에서 순회 지도를

하면 된다. 실전에서는 당황함으로 자신이 편한 순회 지도 방향(시계 반대/시계)과 순회 지도 시 멈춰서 조건 아동을 지도 및 학생 피드백을 할 지점을 미리 정해 놓는 것이 좋다. 이때 면접관이 수험생의 표정과 손짓을 잘 볼 수 있도록 하는 것이 중요하다. 절대 면접관을 등지지 않도록 한다!

본인의 순회 지도 지점과 방향을 제시한다. 아마 이게 최선이지 않을까 싶다! 실제 대형으로 연습해 보고 자신에게 편한 방법을 체화하길 바란다.

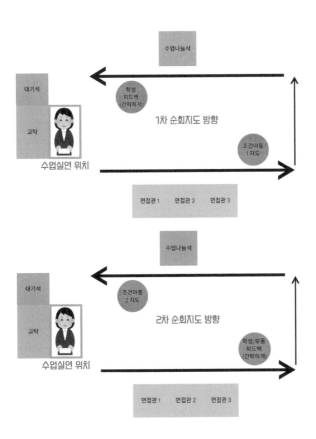

보통 1번 순회 지도를 돌 때 2번 정도 멈춰 지도를 하면 되고, 시간 관계 상 2번을 멈춰 설 때 첫 번째는 섬세한 조건 아동 지도, 두 번째는 간단한 피드백 제공으로 구성한다. 수업 실연 조건에 따라 조건 아동, 모둠 활동 문제 상황 해결, 긍정적 피드백 등으로 순회 지도를 구성하면 된다.

2) 순회 지도 자세

많은 수험생들이 친절함을 드러내기 위해 순회 지도 시 무릎을 꿇곤 한다. 하지만 이는 교사의 저자세 또는 고학년 이해 능력 부족 등의 허점이 있다. 실제 본인도 무릎을 꿇고 지도를 했었는데 면접관 경험이 있으시던 컨설팅 선생님께 피드백을 받았었다. 실제 5~6학년들은 160cm를 훌쩍 넘는 학생들도 다수 있기에 앉은키가 꽤나 크다. 그리고 고학년 의자는 생각보다 높다. 그래서 교사가 무릎을 꿇고 고학년 학생들 옆에 앉는다면 교사가 훨씬 아래에 있는 상황이 만들어지고 눈높이도 맞지 않는다. **그래서 실연 학년이 고학년이라면 허리를 가볍게 숙이는 것만으로도 충분하다.** 저학년의 경우에는 무릎을 꿇는 것이 큰 문제가 되지는 않지만 허리를 숙이는 정도도 충분히 친절하다. 자신의 성향에 맞게 저학년의 경우는 자유롭게 선택하면 된다.

3) 순회 지도 시 발성 및 말투

순회 지도를 시작하게 되면 전체를 대상으로 내용을 전달하는 수업 상황에서 학생들에게 다가가 일대일 또는 소수와의 대화를 나누게 되는 상황으로 바뀐다. 전체 수업 상황에서는 큰 목소리와 전달력과 호소력을 갖춘 목소리로 수업을 하는 것이 중요하지만 순회 지도 상황에서는 조금 더 친절하고 부드러운 목소리로 다가가면 좋다. 발성과 말투를 구분하여 전달력과 전문성을 향상시키는 것 또한 하나의 팁이다. 말투와 발성을 순차적으로 정리하자면 다음과 같다.

발성 및 말투 구분

부드럽고 친절한	전문성 있고 친절한	전문성 있고 성숙한
수업 실연 순회 지도	수업 실연 전체 수업 상황	수업 나눔/심층 면접

만점을 만드는 수업 도구 및 만능틀

모든 수험생들이 공통적으로 사용하는 수업 도구와 만능틀은 딱 적당한 점수를 받거나 저득점으로 가는 지름길이다. 아무 고민 없이 그냥 '남들도 사용하는 도구니까'라는 생각으로 적용하는 수험생들이 다수다. 하지만 면접관들은 '왜 저 수업 도구를 도입한 것일까?', '해당 수업 언어는 수업 주제와 연관성이 있는가?' 등을 날카롭게 살핀다. 그리고 이 질문에 대답이 되지 않으면 감점으로 이어진다. 즉, 내가 만능틀에 적용한 수업 도구의 의미를 명확히 알고, 적용할 필요가 있다. 나의 교직관과 고민을 담은 나만의 수업 도구와 만능틀 제작을 위해 고민하라!

수업 도구 정리

1. 배움 우체통

학생들이 함께 참여하는 수업 설계 도구

① 1주일 전 교사가 학습 주제가 적힌 주간 학습 안내를 배부한다.

② 학생들이 이를 살펴보고 배움 우체통에 학습 주제와 관련하여 하고 싶은 활동을 제안한다.

③ 교사가 사전에 살펴본 후 전문성을 발휘하여 수업을 구성한다.

2. 60초 귓속말 토크

전시학습 복습 활동 시 60초 동안 짝꿍과 지난 시간 배운 내용을 공유해 본다.

3. 세모짝

전체 인원이 홀수일 경우 소외되는 학생이 없도록, 3명의 짝꿍 팀을 하나 추가한다.

4. 보충의 브이

다른 친구들의 발표에 덧붙이고 싶을 때 학생이 손을 들어 손 모양으로 표현한다.

5. 도움의 피스

도움이 필요할 때 학생이 손을 들어 손 모양으로 표현한다.

해당 손을 보면 교사가 도와줄 수도 있고 주변에서 친구들이 도와줄 수도 있다.

6. 활동 레시피

활동 단계가 복잡할 경우 각 활동의 단계가 적힌 활동 레시피를 제공한다.

7. 검색 키워드지

해당 주제가 추상적이거나 범위가 넓어 검색 키워드가 떠오르지 않을 경우를 대비하여 키워드지를 제공한다.

조사 활동 시작 전 다 함께 이야기하면서 키워드를 함께 칠판에 적어보는 것도 좋다.

8. 토킹 블록

발언 횟수의 균형 조정 효과

짝/모둠 활동 시 자신이 발언을 할 때마다 중앙에 쌓여 있는 토킹 블록을 자신 앞에 하나씩 쌓아 놓는다.

9. 토킹 스틱

발언자 집중 효과

발언을 하는 사람이 토킹 스틱을 들고 이야기하면 모두 해당 학생에게 집중한다.

토킹 스틱이 없는 학생들은 동의 없이 발언이 불가하다.

수업 실연 만능틀

단계	필수 포함 사항	세부 활동
도입	수업 시작 안내	학급 구호 전체 인원 점검 과목 안내
	전시 학습 상기	60초 귓속말 토크
	동기 유발 & 배움 문제 확인	주제 관련 실생활 사진/영상 살피기
전개	활동 도입	배움 우체통
	활동 1~3	활동 레시피를 통한 활동 안내 순회 지도 및 조건 아동 지도 활동 결과 발표 및 확산적 발문
정리	본시 학습 복습	배움 공책 작성-배느실(배운 점, 느낀 점, 실천할 점)
	수업 소감 나눔	릴레이 발표
	후속 차시 예고	후속 차시 주제 단순 안내

1. 도입

1) 수업 시작

자, ○학년 푸른 반 ○○수업 시작하겠습니다. 모두 자리에 앉아서, 수업 준비물을 책상에 올려놓고 수업 준비해 주세요. 우리 함께 정한 학급 구호 외치면서 수업 시작하겠습니다.

'함께 가자! 사랑하자!'

○학년 푸른 반 친구들의 ○○개의 초롱초롱한 눈망울이 선생님을 바라봐 주고 있네요. 배움이 가득한 ○○수업 시작하겠습니다.

2) 전시 학습 상기

지난 시간에 (   )에 대해 배웠는데 모두 기억하고 있나요? 지금부터 1분 동안 기억나는 내용을 짝과 함께 귓속말로 이야기해 봅시다. 기억이 잘 나지 않는 학생들은 지난 시간 쓴 배움 공책을 얼른 확인해 봐도 좋습니다. 60초 귓속말 토크 시작해 봅시다!(**홀수일 경우 세모짝-지윤 시우 건희**)

짝과 함께 이야기한 내용을 발표해 볼 친구 있나요?

자세가 바른 희두가 발표해 볼까요? 네 맞아요. 희두가 ~라고 이야기해 주었어요. 어떻게 이렇게 잘 기억하고 있나요? 아하, 짝꿍인 나연이와 이야기를 나누는 과정에서 잘 생각이 났군요. 서로 협력하며 함께 성장하는 모습 보기 아주 좋습니다.

희두의 발표에 보충하고 싶은 친구는 보충의 브이를 들어 주세요! 선생님을 집중해서 바라봐주고 있는 지연이가 발표해 볼까요? 아하, 지연이가 ~ 라고 발표해 주었어요. 선생님이 이렇게 둘러보니 지난 시간에 조금 어려워했던 친구들도 고개를 끄덕이며 공감의 표현을 해 주고 있네요. 복습을 통해 배운 내용을 이해하는 모습들이 모두 훌륭합니다.

3) 동기 유발 & 배움 문제 확인

ver 1. 일상 사진 발화

자. 여러분 수업을 시작하기 전에 선생님이 한 사진을 가져왔어요. 다 같이 TV를 볼까요?

삡!(TV 키는 소리)

어떤 사진인가요? 맞아요. 선생님이 주말 미션으로 여러분들의 일상 사진을 하나씩 패들렛에 업로드해 보라고 했었죠? 그 중 나율이와 민서가 마라탕 집에 가서 맛있는 마라탕을 나눠 먹는 사진을 선생님이 가져왔습니다. 이 음식은 어느 나라 음식인가요? 네, 바로 중국의 음식입니다. 그렇다면 중국이라는 나라가 우리의 일상에 어떤 영향들을 미치고 있을까요? 네, 손을 든 규민이가 발표해 볼까요? 맞아요. 우리가 입는 옷들이 made in China 제품이 많죠? 이렇게 중국은 마라탕, 탕후루, 짜장면과 같은 음식, 우리가 입는 옷과 신발들, 그리고 나아가 핸드폰 속의 부품과 기술, 관광, 문화, 정치 등 우리의 일상에 엄청난 영향을 끼치고 있어요. 이러한 사실을 들었을 때 오늘 어떤 것들을 배우고 싶나요? 해은이가 손을 번쩍 들었네요. 아하~ 해은이는 중국뿐만 아니라 해은이가 꼭 가 보고 싶은 나라인 미국이 우리의 삶에 어떤 영향을 미치는지 더 자세히 알아보고 싶다고 하네요. 맞습니다. 오늘의 배움 주제는 해은이가 말한 것처럼 세계의 여러 나라와 우리나라의 교류에 대한 내용입니다. 다 함께 배움 주제 읽으며 활동 시작해 보겠습니다.

ver 2. 문제 상황 제시

자, 여러분. 수업을 시작하기 전에 선생님이 한 가지 이야기를 가져왔습니다. 바로 경기 마을의 고민에 대한 내용입니다. 관련 영상 보겠습니다.

영상 잘 보았나요? 영상 내용에 대해 요약해서 말해줄 학생 있나요? 영상을 집중해서 잘 보고 있던 지수가 발표해 봅시다. 와, 지수가 영상을 아주 깔끔하게 요약해 주었네요. 현재 경기 마을은 ~한 고민을 겪고 있다고 합니다. 그럼 영상을 보며 느낀 점을 말해 볼 학생 있나요? 감수성이 풍부한 원빈이 발표해 봅시다. 원빈이는 이런 고민을 보니 마음이 아팠고, 꼭 이 고민을 우리 ○학년 푸른 반 친구들과 함께 해결해 주고 싶다고 합니다. 그럼 경기 마을의 고민을 해결하기 위해 우리가 배울 오늘의 배움 주제 살펴보도록 하겠습니다. 오늘의 배움 주제를 선생님이 칠판에 적는 동안 여러분은 배움 공책에 배움 주제를 함께 적어 봅시다.

그럼 다 함께 오늘의 배움 주제 이구동성으로 읽어 봅시다.

'~한다.'

2. 전개

1) 활동 도입

경기 마을의 고민을 해결하기 위한 오늘의 활동을 시작해 보도록 하겠습니다.

배움 우체통에 저번 주에 나누어준 주간 학습 안내를 보고 여러분들이 하고 싶은 활동을 적은 '배움 희망 카드'를 선생님이 살펴보았습니다. 여러분들은 조사 활동과 모둠 활동이 하고 싶다고 하였습니다. 여러분의 의견을 바탕으로 선생님이 설정한 오늘의 배움 활동을 소개하겠습니다!

첫 번째, 읽어 봐요. 국제 교류 기사문

두 번째, 작성해요. 국제 교류 보고서

세 번째, 소개해요. 국제 교류 모습

그럼 첫 번째 활동 시작해 보도록 하겠습니다.

2) 활동 1~3

	ver 1. 기사문/조사	ver 2. 문제 상황 해결
활동 1	읽어봐요. ~기사문	스스로 생각해요.
활동 2	작성해요. ~보고서	함께 고민해요.
활동 3	소개해요. ~모습	제안해요.

첫 번째 활동 시작하겠습니다. '읽어봐요, 국제 교류 기사문'

활동 설명하겠습니다.

첫째, 개인 활동입니다.

둘째, 선생님이 준 국제 교류와 관련된 기사문을 읽습니다. 해당 기사문은 여러분들의 모둠이 맡은 나라와 관련된 기사문입니다. 1모둠은 중국, 2모둠은 일본, 3모둠은 미국, 4모둠은 러시아, 5모둠은 독일, 6모둠은 사우디아라비아입니다.

셋째, 기사문을 읽고 시간이 남는 학생들은 더 알고 싶은 내용을 태블릿으로 추가 조사를 해도 됩니다.

선생님은 교실을 돌아다니며 여러분들의 배움을 열심히 지켜보고 돕겠습니다.

시간은 4분 드리겠습니다. 시작하세요.

(순회 지도-조건 아동 지도, 태블릿으로 추가 조사를 하는 정보 활용 역량 칭찬)

두 번째 활동 시작하겠습니다. '작성해요, 국제 교류 보고서'

활동 설명하겠습니다.

첫째, 모둠 활동입니다.

둘째. 읽은 기사문과 추가 조사한 내용을 가지고 해당 나라와 우리나라의 교류 보고서를 작성합니다. 보고서 양식은 학습지를 참고합니다.

선생님은 교실을 돌아다니며 여러분이 서로 협력하는지 살펴보겠습니다.

시간은 13분 드리겠습니다. 시작하세요.

(순회 지도-조건 아동 지도, 협력하는 모둠 칭찬)

13분이 모두 지났습니다. 아직 시간이 더 필요한 모둠이 있나요? 알겠습니다. 그럼 추가 시간 4분 더 드리겠습니다. 보고서 작성이 끝난 모둠은 보고서 내용을 검토해 보거나 발표를 미리 준비해 보세요.

세 번째 활동 시작하겠습니다. '소개해요, 국제 교류 모습'

활동 설명하겠습니다.

첫째, 두 번째 활동에서 작성한 보고서를 발표하는 시간입니다.

둘째, 다른 모둠의 발표를 들으며 선생님이 나누어 준 학습지에 알게 된 점, 궁금한 점, 인상 깊은 점을 작성합니다.

그럼 발표 시작하겠습니다.

(발표)

(발표 내용 수업 주제와 연관하여 상세히 설명)

(조건 아동의 성장 결과 자세히 칭찬, 창의적인 내용 구체적인 칭찬)

첫 번째 활동 시작하겠습니다. '스스로 생각해요.'

활동 설명하겠습니다.

첫째, 개인 활동입니다.

둘째, 문제를 해결하기 위한 방법을 스스로 생각해 보아요.

셋째, 생각한 방법을 실천할 수 있는 방법을 구체적으로 학습지에 작성해 보아요. 이때 태블릿을 사용하여 조사를 해도 좋습니다.

선생님은 교실을 돌아다니며 여러분들의 배움을 열심히 지켜보고 돕겠습니다.

시간은 5분 드리겠습니다. 시작하세요.

(순회 지도-조건 아동 지도, 태블릿으로 추가 조사를 하는 정보 활용 역량 칭찬)

두 번째 활동 시작하겠습니다. '함께 고민해요.'

활동 설명하겠습니다.

첫째, 짝/모둠 활동입니다.

둘째, 첫 번째 활동에서 고민한 내용을 짝/모둠과 공유해 보아요.

셋째, 여러 의견을 모아 우리 짝/모둠의 문제 해결 방법을 학습지에 적어보아요.

선생님은 교실을 돌아다니며 여러분이 서로 협력하는지 살펴보겠습니다.

시간은 7분 드리겠습니다. 시작하세요.

(순회 지도-조건 아동 지도, 협력하는 짝/모둠 칭찬)

7분이 모두 지났습니다. 아직 시간이 더 필요한 짝/모둠이 있나요? 알겠습니다. 그럼 추가 시간 3분 더 드리겠습니다. 활동이 끝난 모둠은 추가적인 방법을 마지막으로 함께 고민해 보세요.

세 번째 활동 시작하겠습니다. '제안해요.'

활동 설명하겠습니다.

첫째, 짝/모둠 활동입니다.

둘째, 두 번째 활동에서 정한 문제 해결 방법을 제안하는 글을 작성해 보아요.

셋째, 작성한 글을 패들렛에 올려요.

넷째, 다른 친구들의 글을 읽고 댓글을 달며 소통 활동을 해 보아요.

시간은 12분 드리겠습니다. 시작하세요.

(순회 지도-조건 아동 성장 칭찬, 조건 역량 관련 칭찬)

12분이 모두 지났습니다. 댓글로 활발하게 소통이 이루어지고 있네요. 그럼 함께 작성한 글을 소개해줄 짝/모둠이 있나요?

(발표)

(발표 내용 상세히 설명 후 칭찬, 조건 아동의 짝/모둠 기여를 구체적으로 칭찬)

3. 정리

1) 본시 학습 복습

자 그럼 수업을 마무리하며 오늘의 배움 공책을 채워보도록 하겠습니다.

오늘 수업을 하며 배느실(배운 점, 느낀 점, 실천할 점)에 대해 '저는 ~ 했습니다. 왜냐하면 ~하기 때문입니다'라는 두 문장으로 정리해서 적어 봅시다. 배움 공책을 적은 후에는 전체 릴레이 발표를 할 것이니까 열심히 적어 주세요.

2) 수업 소감 나눔

이제 수업을 마무리하며 수업 소감 릴레이 발표를 하도록 하겠습니다. ○학년 푸른 반 친구들 자리에서 모두 일어나 주세요. 자주 했으니 기억 나죠? 릴레이 발표는 몇 문장으로 말하나요? 맞습니다. '저는 ~했습니다. 왜냐하면 ~하기 때문입니다.' 이 두 문장으로 발표하면 됩니다. 잘 생각이 나지 않는 친구들은 PASS라고 말하고 다시 생각한 뒤, 친구들의 발표가 끝나면 다시 한번 발표해 보도록 하겠습니다. 지난 시간 1분단부터 발표를 했으니, 4분단부터 발표를 해 보도록 하겠습니다.

(릴레이 발표)

마지막으로 선생님이 발표하겠습니다. "저는 마음이 따뜻해졌습니다.

○학년 푸른 반 친구들이 협력하는 모습을 많이 보았기 때문입니다."

3) 차시 예고

다음 수업은 ~에 관한 내용을 배우도록 하겠습니다. 어떤 활동을 하면 좋을지 배움 희망 카드를 작성해서 배움 우체통에 넣어 주세요. ○학년 푸른 반 안전한 쉬는 시간 맞이하도록 하겠습니다.

4. 기타

1) 모둠 구성

✎ 존경하는 인물이 같은 학생들끼리 모이기: 김홍도 모둠(미술 희망자), 이순신 모둠(용맹한 성격 혹은 용맹함을 닮고 싶은 성격), 세종대왕 모둠(책 선호), 장영실 모둠(과학 선호), 유관순 모둠(여자 위인 존경)

✎ 좋아하는 나라로 구성: 중국, 일본, 러시아, 미국, 독일, 사우디아라비아

✎ 모둠원: 4명씩 6모둠

이끔이: 모둠 활동 진행

나눔이: 학습지 및 준비물 배부

칭찬이: 모둠 원 격려 및 응원

꼼꼼이: 모둠 친구들 활동 점검 및 도움

✏️ 모둠 활동 규칙: 이구동성 발표로 확인, 입, 귀, 마음 제스처 사용

나의 생각을 또박또박 말하는 입!

친구의 생각을 경청하는 귀!

다름을 존중하는 마음!

2) 각종 규칙

✏️ 토의 규칙

나의 생각을 또박 또박 말하는 입!

친구의 생각을 경청하는 귀!

다름을 존중하는 마음!

✏️ 스마트 패드 활용 규칙: 다정한 우리 반

다.른 길로 세지 않기

정.보는 비판적으로

한.곳에서 활동해요.

✏️ 과학 실험 규칙

첫째, 조심조심! 사뿐사뿐!

둘째, 서로서로! 도와주며!

셋째, 기록은! 꼼꼼하게!

3) 발표 지도

선생님을 (초롱초롱한 눈으로 바라보고 있는/바른 자세로 보고 있는/수업에 집중하고 있는/떠들지 않고 차분하게 기다리고 있는/선생님을 뚫어질 듯이 바라봐주고 있는/지난 시간에 발표를 열심히 하겠다고 약속한) ○○이가 발표해 보도록 하겠습니다.

○○이를~ 보세요!

○○이가 (또박또박/큰 목소리로/창의적인 의견으로/논리적으로/차분하게) 발표를 잘해 주었습니다. 모두 ○○이를 위해 칭찬의 박수를 쳐 줍시다.

4) 평가

활동 중간 중간 활동 점검 도구로 평가 활용, 평가 예고는 반드시 활동 전에 안내

✏️ 손가락 자기 평가: 왼손-활동의 난이도, 오른손-활동의 참여도

　그럼 첫 번째 활동을 마쳤으니 손가락 자기평가 해 보겠습니다. 왼손은

첫 번째 스스로 느낀 활동의 난이도를 오른손은 내가 활동에 얼마나 열심히 했는지를 나타내는 참여도를 표현해 보아요. 활동이 잘 이해되고 열심히 참여했다고 생각할수록 손가락 5개를 펼쳐 주고, 아닐수록 손가락 개수를 줄이면 됩니다!

✏ 별 채우기 동료평가

짝/모둠 활동을 진행하며 함께한 친구들을 동료평가 해 봅시다. 선생님이 나눠준 학습지 날개 부분에 동료평가 별점이 그려져 있습니다. 태도, 참여도, 기여도 3가지 항목에 대해 친구의 별을 채워 주세요.

✏ 자리 배치표

태이	지연		지수	원빈		동연	도연
규민						다문화 (조건아동 2)	
지민	민제 (조건아동 1)					나연	희두
			해은	현규			

칠판

스터디 뽕 뽑는 꿀팁

본인은 지독한 효율충이다. 이러한 강박은 '어떻게 하면 내가 하는 공부에서 최대의 아웃풋을 얻을 수 있을까?'라는 고민으로 이어졌다. 모든 수험생에게 동등하게 주어진 면접 준비 기간을 가장 효율적으로 보내기 위해 스터디에서 뽕을 뽑기 시작했다. 딱 남들이 하는 만큼의 형식적인 스터디가 아닌, 초고득점을 향해 달려가는 가성비 스터디를 운영했다. 지독한 효율충, 가성비충의 스터디 꿀팁을 제안한다.

1. 수업 실연 장면 모두 비디오 녹화하기

※ 준비물: 삼각대/그립톡/보조 배터리

나의 실연 장면을 직접 보는 것만큼 좋은 피드백은 없다. 내가 인지하지 못했던 손짓, 몸짓, 시선 처리 등을 지속적으로 정리해 나가야 한다. 이를 위해 비디오 녹화는 필수이다! 추가적으로 나중에 임용 합격 후 치열했던 나의 나날들을 기록해 놓은 것이 꽤나 뿌듯했다.

2. 클로바 노트 활용하기

클로바 노트는 음성을 텍스트로 변화시켜주는 어플이다. 구두로 이루어지는 면접을 정확히 피드백하고 복기하기 위해 해당 어플은 매우 도움이 된다. 답변을 할 때 클로바 노트를 켜 놓고 나중에 피드백과 답변을 수정할 때 활용하면 꽤나 편리하다.

3. 피드백 내용을 한글 파일로 누적 취합하기

스터디에서 나누어진 피드백을 모두 하나의 한글 파일로 누적 취합하는 것을 매우 추천한다. 이를 면접 직전 프린트해서 훑어보고 재인지하고 들어간다면 그간 실수했던 것들을 반복하지 않을 가능성이 올라간다. 실수를 줄여주는 든든한 나만의 자료가 되는 피드백 모음집을 만들라!

4. 구상·실연 시간은 반드시 지키기!

'1분만 더!'는 없다. 실제 면접 상황에서는 구상 시간이 정말 빠르게 지나간다. 당황하고 멘탈 잡는 시간이 더해지기 때문이다. 그래서 본인은 실제 구상 시간보다 5분 더 적은 20분을 스터디 구상 시간으로 설정했다. 이렇게 훈련했는데도 실제 현장에서는 구상 시간이 터무니없이 부족하게 느껴

졌다. 항상 연습은 극악의 상황에서 진행하라!

5. 스터디 때 이루어지는 면접 대형은 무조건 실제 대형으로!! 입실부 터 퇴실까지 연습하기

면접 대형을 실제 대형으로 세팅하고 순회 지도를 연습하는 것과 그냥 스터디 룸에서 "했다 치고~" 하는 것은 큰 차이가 있다. 초반에는 해야 할 것이 많으니 괜찮지만 스터디 중반부터는 반드시 실제 대형으로 연습하 라. 그리고 반드시 노크하고 입실하는 것부터 구상지를 반납하고 퇴실하 는 것까지 꼭 연습해봐라. 생각보다 많은 수험생들이 입실 후 인사를 하고 관리 번호를 말하는 것이 어색해 뚝딱거린다. 자연스럽고 자신감 있는 인 상을 위해서는 반복적인 연습만이 답이다. 실제 본인도 당황해서 심층 면 접 날 첫인사를 누락했다. 감점은 아니지만 첫 단추가 매끄럽게 끼워지지 않으니 당황했다. 이러한 변수가 나의 답변에도 영향을 미칠 수 있으니 사 전에 차단하라.

6. 가능하다면 실제 초등학교 교실에서 몇 번 연습해 보기

교생실습 때 인연이 닿은 선생님이나 학교 선배들을 활용해서 실제 초 등학교 교실에서 연습을 해 보는 것을 추천한다. 생각보다 학교 교실이 주는 분위기와 대학 강의실이 주는 분위기는 다르다. 실제 면접 장소인 초등학교 교실에 익숙해진다면 조금 더 긴장하지 않고 면접에 임할 수 있다.

7. 현직 선생님들 활용하기

어쨌든 임용 문제는 현장의 목소리와 이슈가 반영된다. 요즘 현장의 분위기가 어떤지, 실제 학생들을 지도할 때는 어떻게 하는 것이 좋은지, 현실적으로 어떤 지도 방법이 좋을지 등등 다양한 조언을 현직 교사로부터 듣는다면 꽤나 큰 도움이 될 것이다. 왜냐하면 면접관이신 선생님들이 모두 현장을 겪으신 혹은 겪고 계신 선생님들이기 때문이다.

8. 스터디 원들에게 면접관 콘셉트 역할 배분하기

카더라이긴 하지만 실제 경험해 보니 나름 맞는 것 같기도 한 것이 하나 있다. 바로 '면접관 3명이 면접장 들어오기 전에 각자 콘셉트를 정한다더라. 한 명은 친절하게 웃어주는 사람, 한 명은 엄근진 st, 한 명은 필기왕. 이런 식으로.'라는 카더라다. 근데 나름 후기들과 실제 면접관을 접해 보니 그랬던 것 같기도 하다. 그래서 본인은 스터디 원들에게 면접관 자리에 앉아 있을 때, 모두가 끄덕이며 경청해 주는 것보다는 한 명은 고개를 갸우뚱하며 계속 마음에 안 드는 표정을 짓고, 한 명은 나를 째려보고, 한 명은 잘 들어 주는 태도로 임할 것을 요청했다.

어쨌든 나는 면접관의 태도와 무관하게 웃으며 시선을 잘 분배하여 답변해야 한다. 그러니 좋지 않은 태도의 면접관에게도 연연하지 않고 나의 답변을 정확히 할 수 있는 훈련을 하는 것이 엄청 도움이 된다. 생각보다 많은 사람들이 상대가 의문스러운 태도를 취하면 답변이 막히고 멘탈이 흔들리기 때문이다.

임용 2차 초고득점자의 생생한 면접 썰

✎ 수업 실연 마지막 번호를 뽑은 내가 실연 만점을 받을 수 있었던 방법

태생적 똥손인 나는 설마 했던 수업 실연 마지막 관리 번호를 뽑았다. 대기 시간만 6시간이 넘었던 해탈의 상황이었다. 더 걱정이었던 것은 이미 앞에서 날고 기는 실연을 할 텐데 집중력이 떨어질 대로 떨어진 면접관들이 내 수업을 제대로 봐주긴 할까… 라는 의문이었다. 자료를 보지 못한 채 허공만 응시해야 하는 대기 상황에서 머리를 굴리기 시작했다.

'어떻게 하면 면접관들의 이목을 끌고 좋은 실연을 보여줄 수 있을까?' 그래서 방법을 떠올렸다. 그것은 '실연을 정말 나의 수업처럼 하는 것'이었다. 실제 학교에서 마지막 수업은 학생들이 지칠 대로 지치고 집에 빨리 가고 싶어 하니 이 상황에서 난 교사로서 무엇을 할 수 있을까? 라는 고민이었다. 고민을 하다 보니 '기지개를 켜고 스트레칭을 한 후 수업 집중력

을 유도하는 발화를 한 뒤 수업을 시작하자.'라는 결론이 나왔다. 과하지 않고 가볍게 면접관들의 이목을 끌어보자는 생각을 했고 나는 면접장에 들어가 수업을 "사랑하는 푸른 반 학생들! 마지막 교시라 지쳤죠~?"로 시작했다.

"사랑하는 푸른 반 학생들! 마지막 교시라 지쳤죠~? 피곤할 텐데 우리 기지개 한 번 켜고 활동을 시작해 볼까요? 선생님이 여러분들의 의견을 반영해서 열심히 준비한 수업이니 우리 함께 즐거운 배움을 만들어 가봅시다!"

해당 발화를 뱉었을 때 면접관들도 흐뭇하게 웃어 주셨고 그렇게 나의 긴장이 살짝 아주 살짝 풀리며 실연이 시작되었다. 마지막 순서임에도 밝은 에너지로 조건 누락 없이 수업을 해서 그런지 감사하게도 소수점 0.2점만 감점되는 최고의 점수를 받았다. 아마 면접관들은 수업에 얼마나 내가 몰입하고 있는지를 봐 주셨던 것 같다.

고득점을 좌우하는 팁까지는 아니지만 이런 팁 하나하나가 모여 "나는 면접을 잘 대비했고, 잘 할 것이다"라는 자신감과 안정감을 형성한다. 면접 전까지 치열하게 준비하고, 면접장에 들어가는 순간에는 모든 두려움을 버리고 자신감으로 무장하시길! 이를 위해서는 여러 고민과 노력, 그리고 시행착오가 뒷받침되어야 할 것이다.

잘하고 있다! 노력하여 성취하라!

2.
논리적인 수업 나눔으로 수업 실연을 완성하라

—

"수업 실연의 보완 작업, 수업 나눔으로 완성 매듭을 지어라."

The   Secret   of   Winning   a   High   Score

대부분의 수험생이 모르는 수업 나눔을 하는 이유

다수의 수험생들이 가장 간과하는 영역이 수업 나눔이다. 심층 면접은 공부해야 할 시책이 명확해서, 수업 실연은 당연히 중요해 보이니까, 영어는 자신이 없어서 많은 공부 시간을 쏟는다. 하지만 수업 나눔은 큰 준비 없이 '그냥' 한다. 하지만, 나눔은 배점도 목적성도 매우 중요한 영역이다. 수험생의 대부분이 놓치는 영역이기에 내가 잘 대비하여 차별점을 둘 수 있는 효자 영역이기도 하다. 수업 나눔의 철저한 대비로 앞선 실연을 보완하는 완성의 매듭으로 사용하라!

우선 수업 실연 이후에 수업 나눔을 하는 이유를 명확히 알고 있어야 한다. 수업 실연에 집중한 나머지 많은 수험생들이 수업 나눔을 가볍게 준비하게 되는데, 여러분은 수업 나눔의 배점이 수업 실연과 같은 25점임을 간과해서는 안 된다.

수업 나눔은 '수업 실연해서 조건 충족 여부를 재확인하고, 수업자의 의도를 설명하는 시간이다. 그러므로 이전 수업 실연에서 어떻게 조건을 충족했는지, 그렇게 한 이유가 무엇인지를 설명하는 시간이다. 이를 인지하고 나눔을 대비한다면 감점 없이 수업 나눔을 잘할 수 있다.

합격으로 직행하는 수업 나눔 프리패스상

수업 나눔은 많은 수험생들이 뒤늦게 중요성을 인지하고 '더 준비할걸….'이라고 후회하는 영역이다. 하지만 문제를 인지하고서도 뭘 어떻게 준비해야 할지를 몰라 난감해한다. 이를 해결하기 위해 수업 나눔을 바라보는 자세와 꿀팁을 전달하고자 한다. 수업 나눔을 잘한다면 수업 실연에서 부족했던 부분을 보완하여 2일 차 면접 만점의 쾌거를 완성할 수 있을 것이다.

1. 수업 나눔은 '나의 교실'을 설명하는 자리이다.

남의 수업과 교실을 설명하는 자리가 아닌, '나의 수업, 나의 교실'을 면접관에게 소개하는 자리이다. 애정을 섞어라! 수업 나눔에는 반드시 나의 교직관, 학생관 등이 녹아 있어야 한다. 조건 아동에 대한 질문에 답할 때 "디지털 기기 미숙 학생을 지도하기 위하여~"라고 답변하는 것과 "저희 반에는 디지털 기기 조작에 어려움을 겪는 민수가 있었습니다. 민수의 배움을 이끌기 위해~"라고 답하는 것은 분명히 차이가 있다. 후자의 답변이 더 수업 실연과 나눔에 진심으로 몰입하고 있고, 훗날 자신의 교실에 대한 애정이 있는 수험자로 비쳐진다.

2. 즉답형에 가까운 수업 나눔을 사전에 대비하라.

심층 즉답형 문항처럼 수업 나눔 문제는 면접장 답변석에서 실시간으로 제공된다. 하지만 정말 온전히 해당 문제가 예측 불가능할까? 아니다. 수업 나눔은 이전 수업 실연에 대해 질문하는 자리이기 때문에 구상지의 조건을 살펴본다면 충분히 예측 가능하다. 아마도 수업 나눔의 유형으로는 이런 문제가 나올 것이다.

✏ 학습 목표를 어떤 방법으로 성취했는지?

✏ 해당 학습 목표를 선정한 수업자의 의도는 무엇인지?

✏ 해당 단원의 성취 기준을 어떻게 성취해 나갈 것인지?(전, 후속 차시와의 연계성)

✏ 핵심 역량을 어떻게 성취했는지?

✏ 조건 아동을 어떻게 지도했는지?

✏ 해당 주제와 관련해서 어떤 활동들을 추가적으로 할 수 있을지(제시된 성취 기준 연계)

✏️ 본 차시를 포함하여 프로젝트 차시를 전체적으로 어떻게 구상할 것인지?

위 문제에 대한 답은 여러분들이 수업 실연을 구상하며 자연스럽게 하는 고민들이다. 그러므로 수업 나눔에 대해 새로운 답변을 준비하는 것보다는 내가 했던 생각을 어떻게 잘 전달할지를 고민해야 한다.

빠르게 질문에 해당하는 소재를 끌어내기 위해서 구상지를 최종 검토할 때 조건 충족 구간에 형광펜을 표시해 놓는 것을 추천한다. 학습 목표, 성취 기준, 핵심 역량, 조건 이동 등을 충족하는 구간에 미리 표시를 해 놓는다면 각 조건을 어떻게 충족했는지 묻는 질문에 구상지를 참고하며 답변할 수 있다. 빠르게 소재를 뽑아내고 누락 없이 풍부한 답변을 할 수 있는 팁이다. 마지막 검토 때 조건 누락 방지를 위해 체크하며 수업 나눔까지 대비할 수 있으니 일석이조이다. 동시에 소재를 미리 체크해 놓는다면 각 답변 소재가 겹치는 것을 최대한 방지할 수 있다.

3. 형식 있는 수업 나눔을 통해 메시지를 전달하라.

수업 나눔에도 서론과 결론의 형식을 맞추는 것을 추천한다. 그냥 답변을 해도 큰 감점은 없겠지만 서·결론의 형식을 갖춘다면 조금 더 완성된 형태의 느낌을 줄 수 있다.

서론에는 수업에서 해당 소재가 중요한 이유를, 결론에서는 이를 위해 어떤 교사가 될 것인지 포부와 다짐을 넣는 방법을 소개한다. 학습 목표에 대해 물었다면 서론에는 "배움을 달성하는 수업을 위해 학습 목표는 매우 중요합니다. 교사와 학생이 학습 목표라는 골인점을 가지고 함께 나아간다면 몰입도와 성취감이라는 두 마리의 토끼를 모두 잡을 수 있을 것입니다." 라고 말할 수 있다. 결론에서는 "학생들의 수준을 정확히 진단하고 교육과정의 큰 그림을 이해하여 명확한 학습 목표를 세우는 전문성 있는 경기 교사가 되기 위해 노력하겠습니다."라고 포부를 밝힐 수 있다.

물론 시간이 부족하다면 서론과 결론은 과감하게 쳐내는 것이 당연하다. 하지만 여유가 있고 긍정적 인상을 심어 주고 싶다면 서론과 결론을 도입해 보는 것을 추천한다.

내가 만들긴 귀찮은 서·결론 만능틀 및 소재 정리

여러 영역과 마찬가지로 만능틀과 소재를 미리 정리하고 대비하면 수업 나눔을 손안에서 통제할 수 있다. 특히 수업 나눔은 앞선 수업 실연에 대한 내용이기 때문에 문제를 미리 스포한 것이나 다름이 없다. 수업 실연 구상지와 중복 소재를 바탕으로 수업 나눔 문제를 가볍게 예상하라! 자주 언급되는 소재가 한정되어 있는 수업 나눔은 심층 면접보다 준비하기 쉽고 배점도 커 가성비가 넘치는 영역이다.

1. 학습 목표

서 배움을 달성하는 수업을 위해 학습 목표는 매우 중요합니다. 교사와 학생이 학습 목표라는 골인점을 가지고 함께 나아간다면 몰입도와 성취감이라는 두 마리의 토끼를 모두 잡을 수 있을 것입니다.

결 학생들의 수준을 정확히 진단하고 교육과정의 큰 그림을 이해하여 명확한 학습 목표를 세우는 전문성 있는 경기 교사가 되기 위해 노력하겠습니다.

2. 성취 기준

서 성취 기준은 학습 목표, 활동 구성, 평가의 모든 기준이 됩니다. 교사는 성취 기준을 자유자재로 활용하여 수업을 구성해야 합니다.

결 성취 기준을 달성하기 위해 어떤 방법이 가장 효과적이고 의미 있을지를 고민하며 성장하는 경기 교사가 되겠습니다.

3. 핵심 역량

서 '기본 인성과 기초 역량을 지닌 미래 인재를 양성'하는 경기 교육을 실현하기 위해 핵심 역량 성취는 필수적입니다. 이를 위해 교사는 수업 중 다양한 비계와 경험을 제공해야 합니다.

결 학생들이 미래 인재로써 핵심 역량을 성취하기 위해 의미 있는 활동과 수업을 설계하도록 노력하겠습니다.

4. 프로젝트 수업

서 다양한 경험과 배움의 기회를 제공하기 위해 프로젝트 수업은 매우 적합합니다. 교사는 프로젝트 수업을 구성하는 각 차시 간의 연계성을 이해하고 학생들이 성취 기준을 달성할 수 있도록 도와야 합니다.

[결] 학생들의 삶에 변화의 씨앗을 심는 프로젝트 수업을 설계하기 위해서 열정을 가지고 끝없이 고민하는 경기 교사가 되겠습니다.

5. 조건 아동

[서] 교실 안에는 각양각색의 학생들이 존재하고 수많은 문제들이 발생합니다. 이를 인지하고 학생들에게 성장의 기회를 제공하는 것이 교사의 가장 중요한 역할이라고 생각합니다.
[결] 학생들이 서로의 다름을 존중하고 함께 성장할 수 있도록 돕는 교사가 되겠습니다. 위기를 기회로 바꾸어 성취의 경험이 샘솟는 교실을 위해 최선을 다하겠습니다.

6. 내 수업에서 잘한 부분 & 아쉬웠던 부분

(너무 솔직하게 말하지 않기 – '세상에 완벽한 수업은 없다.' 교실 상황의 한계에서 어쩔 수 없는 점을 언급하며 대안 함께 제시하기)

[서] 자신의 수업을 성찰하며 장점은 강화하고, 단점은 보완해 나가는 것은 성장하는 교사가 되기 위한 중요한 역량입니다. 수업 나눔을 통한 수업 성찰은 교사의 수업 역량을 신장시키는 매개가 됩니다.

본 제가 이번 수업에서 잘한 점은, 학생 간 상호작용을 활성화했다는 것입니다. 발표 활동 전에 학생들에게 발표 관점을 제시함으로써 경청과 보충을 강조했습니다. 자신의 의견을 표현하는 것만큼 서로의 의견을 경청하는 것의 중요성을 강조했습니다. 또한 친구들의 생각을 들은 것에 자신의 생각을 덧붙이며 새로운 아이디어를 생산할 수 있도록 유도하였습니다. 즉, 모둠 활동에서 전체 발표로 소통의 범위를 확장하여 학생 전체가 상호작용할 수 있도록 했습니다.

제가 이 수업에서 아쉬웠던 점은 소외 학생/부진 학생/다문화 학생에게 교사가 학생의 학습 상황을 수시로 점검하는 빈도가 적었다는 것입니다. ○○명의 학생들을 대상으로 배움을 진행하며 한 명의 학생을 집중적으로 볼 수 있는 시간의 한계가 있었습니다. 이러한 점을 보완하기 위해 저는 '또래 도우미'와 '스마트 패드'를 활용하였습니다. 또래 도우미는 교사가 제공하는 비계보다 더 학생들의 삶과 밀접하고 친숙한 비계가 제공됩니다. 스마트 패드는 수업을 진행하는 교사를 대신하여 비계 제공이 여러 학생에게 동시다발적으로 제공될 수 있도록 합니다. 저는 이러한 에듀테크와 협력 학습의 장점을 살려 스마트 패드를 활용하여 학생에게 개별학습을 가능하도록 하였습니다. 또래 도우미를 통해 학생들이 서로에게 관심을 기울이고 도우며 함께 성장할 수 있도록 하였습니다.

결 학생 중심의 수업을 구현하고, 교육 격차를 해소하는 것은 교사의 중요한 사명 중 하나라고 생각합니다. 모든 학생들이 배움의 성취를 맛보고,

단단한 자존감을 지닌 행복한 학교생활을 할 수 있도록 하겠습니다. 전문적 학습 공동체에서 수업과 학생 사례에 대해 동료 선생님들과 협력하며 끊임없이 성장하는 교사가 되겠습니다.

7. 학습 주제

서 '학습 주제(환경오염/세계 갈등/디지털 시민 의식 등)'는 현재 세계에서 대두되고 있는 문제입니다. 학생들이 올바른 세계 시민으로 성장하도록 하기 위해 해당 주제에 대한 교육은 매우 필요합니다.

결 확산적 질문과 학생 주도 활동을 통해 학생들이 해당 주제에 대해 흥미와 자기 주도성을 갖고 학습해 나갈 수 있도록 노력하겠습니다. 경기 교사가 된다면 실제로 프로젝트 수업을 운영하며 함께 성장해 나가고 싶습니다.

임용 2차 합격의 3단계 :
영어 면접

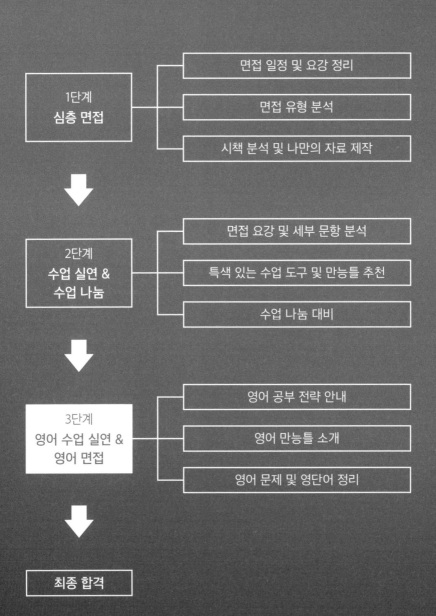

3단계에 들어가기 전 꼭 알아야 할 이야기

영어 면접은 많은 수험생들을 쫄게 하는 영역이다. 하지만 영어 초급자였던 본인도 무리 없이 만점을 끌어냈던 영역이다. 그러니 3단계의 내용을 차근차근 포기하지 말고 따라오라. 할 수 있다!

1. 꾸준한 노력으로 근거 있는 자신감을 형성하라.
2. 시간 안에 조건 퀘스트를 클리어하라.
3. 최소한의 만능틀으로 돌려막기 하는 법을 연습하라.

위 내용을 마지막까지 끈기 있게 달성한다면 반드시 좋은 점수를 이끌어 낼 것이다. 포기만 하지 마라!

1. 근거 있는 자신감으로 영어 수업을 실연하라

—

"영어를 못해도 영어 수업 실연은 만점을 받을 수 있다."

The Secret of Winning a High Score

한 장으로 정리하는 유형 분석

크로스 스터디 원 중에 영어 자신감이 바닥이라 실연 중 눈물을 흘렸던 친구가 있었다. 그간 간신히 멘탈을 붙들며 스터디를 이어 왔었는데, 자신의 영어 발음과 도저히 뱉어지지 않는 영어 단어들을 직면하고 무너져 내린 것이다. 하지만 결국 그 친구는 영어 면접 만점의 쾌거를 이뤄 냈다. 그렇다고 하루 종일 영어 공부만 하는 엄청난 노력을 한 것도 아니었다. 영어 면접의 목적을 명확히 파악하고 타깃을 정확히 겨냥하는 전략을 세웠다. 그리고 매일 꾸준히 일정 시간만큼 노력했다. 영어 면접, 가장 많은 수험생들이 두려워하는 영역이지만 최고점과 최저점의 점수 격차는 가장 적은 영역이다. 즉, 기본만 제대로 하면 큰 변수 없이 만족스러운 점수를 얻을 수 있다. 쫄지 마라! 정확한 공부법과 꾸준한 노력이라면 영어 면접 실력은 어느 날 도약해 있을 것이다.

영어 면접은 상대적으로 짧은 시간 안에 빠르게 우다다 진행된다. 그래서 행동 요령과 시간 분배를 체화하지 않으면 소중한 시간을 낭비하게 되고 이는 감점으로 이어진다. 여유로워하다가 많은 수험생들이 영어 면접을 망치고 나온다. 순식간에 지나가는 시간을 온전히 나의 시간으로 만들도록 노력하라!

1. 영어평가 일정 및 배점

✎ 일정: 3일 차

✎ 배점: 10(영어 수업 실연 5+영어 면접 5)/100

✎ 문항 구성: 영어 수업 실연, 영어 면접 2문항

✎ 구상 시간: 10분(수업 실연에 대한 구상, 영어 면접은 즉답형)

✎ 면접 시간: 영어 수업 실연 6분+영어 면접 4분

2. 고사실 이동 및 배치

대기실		구상실(10분)		평가실(10분)	
~8:30 입실 관리 번호 추첨 및 대기	➡ 개인 소지품 가지고 이동, 구상실 입실 시 개인 필기구 및 시계만 지참 가능, 나머지 옷이나 가방은 복도에 놓고 입실	영어 수업 실연 문제지에 대한 구상 * 구상지에 작성한 모든 내용은 평가하지 않음.	➡ 개인 소지품 가지고 이동, 평가실 입실 시 문제지와 개인 필기구 및 시계만 지참 가능, 나머지 옷이나 가방은 복도에 놓고 입실	1차 알림	시작령
				2차 알림	시작령 6분 뒤 수업 실연 종료 알림
				3차 알림	시작령 10분 뒤 영어 면접 종료 알림

평가실 배치

1) 입실 시 인사 위치

인사를 하면 평가위원이 "교탁 옆 대기석에서 대기하고, 시작령이 울리면 교탁 앞으로 이동하여 주세요."라고 안내한다. 그럼 서서 끄덕이며 해당 내용을 잘 듣고 "감사합니다."라고 한 뒤 교탁 옆 대기석에 앉아 대기하도록 한다.

2) 영어 수업 실연 & 영어 면접 위치

시작령이 울리면 평가위원이 "영어 수업을 실연하십시오!"라고 안내한다. 그럼 6분 동안 준비한 수업을 교탁 앞으로 나와 실연하면 된다.(**교탁 뒤에서 실연 아님!**) 영어 수업 실연이 끝나면 수험생은 "이상입니다!"라고 영어 수업 실연 종료 표시를 알린다. 6분 동안 실연을 한 뒤 벨이 울리면 영어 면접을 위한 답변석으로 이동한다.(해당 위치는 심층 면접 답변석과 위치가 동일하다) 만약 수업 실연이 6분보다 일찍 끝났다면 **대기석에서 대기 후** 벨이 울리면 답변석으로 이동한다. 평가위원이 "수업 실연을 종료하고 영어 면접을 위해 답변석으로 이동하세요.", "책상 위에 있는 문제를 보고 차례로 답하세요!"라고 안내하면, 수험생은 답변석에 뒤집어져 있던 영어 면접 문제지를 살펴본 뒤 4분 동안 시간을 스스로 분배하여 2문항에 대해 답변하면 된다. 영어 면접 문항 답변 후 "이상입니다!"라고 종료 표시를 알린다. 시작령 10분 이후 종료령이 울리며 평가위원이 "수고하셨습니다! 나가셔도 됩니다!(퇴실하십시오!)"라고 안내하면 수험생은 인사 후 평가실 감독관에게 문제지를 반납하고 퇴실하면 된다.

야, 너도 할 수 있어. 영어 만점 완성

영어를 못해도 영어 수업 실연은 만점을 받을 수 있다. 아이러니하게도 사실이다. 기본만 제대로 하면 별다른 큰 감점 없이 높은 점수를 받는다. 여기서 이야기하는 기본은 노력을 통해 무조건 충족할 수 있다. 하지만 변수는 나만 그런 것이 아니라 많은 수험생들이 그렇다는 것이다. 그렇다면 결론은 '영어 면접에서의 감점은 치명적이다.'로 정리된다. 다음과 같은 꿀팁을 활용하여 영어 면접 만점을 반드시 달성하라!

1. 조건 충족에 집착하라 & 면접관에게 답을 떠먹여 줘라

영어 수업 실연은 10분 구상에 6분 실연이다. 즉 타임 어택으로 기본적인 조건 충족만을 향해 달려 나가는 면접이다. 화려하게 살을 붙일 필요가 없다. 면접관에게 "저 지금 조건 충족합니다!"라는 뉘앙스로 정확히 조건만을 충족해도 만점을 받는 시험이다.

이를 성공시키기 위해 문제지에 주어진 조건을 '정확히 직역'하는 것을 추천한다. 성취해야 할 역량 중 '의사소통 역량'이 있다면 "Wow, your communication skills are really good! I'm proud of you!"라고 명확히 조건을 충족하라. 빠르게 조건이 충족되어 나가는 면접인 만큼 내가 정확히 조건을 충족해도 면접관이 놓칠 수 있다. 조건을 충족하는 구간에는 대놓고 뉘앙스를 풍기며 한 차례 호흡했다가 면접관을 희번덕 응시하며 조건을 충족하라. 조건 충족으로 시작해서 조건 충족으로 끝나는 것이 영어 수업 실연이다.

2. 밝은 에너지로 연극하라

실제 교수님들과 면접관 경험이 있으신 선생님들께 컨설팅을 받다 보면 공통적으로 하시는 말씀이 "한국어 수업 실연보다 한 텐션 업해서 실연하라"는 것이다. 굳이 이유를 들자면 '실제 현장에서 영어 수업은 밝고 활기차게 진행되기 때문'이라고 할 수 있다. 학생들의 외국어에 대한 두려움을 낮추고 흥미도를 높이고자 영어 교사들은 다양한 게임과 높은 텐션으로 수업을 이끌어 간다. 때문에 영어 수업 실연도 조금 더 밝고 과장된 에너지로 이끌어 가는 것을 추천한다. 만약 내 성격이 차분한 성격이라면 손짓이나 발짓 또는 활동 시작 전 구호 등을 활용해 보는 것도 좋다. 비언어적 표현의 사용은 엄청 과장되고 오버해서 하라는 것이 아니라 재미있는 수업을 위해 노력하고 있음을 보이라는 것이다.

3. 터무니없는 조건이어도 웃으며 받아들여라

실제 본인이 시험을 봤던 2023 임용 2차에서는 '호주에 사는 Mr. Jones 의 학급과 연계하여 문화를 교류하는 실시간 동시 수업을 진행하라'였다. 시험지를 받았을 때의 소감은 놀랍게도 "응, 이 정도는 나와야 경기도지. 재밌네."였다. 이미 1, 2일 차 때 뒤통수를 극심히 맞아서 해탈의 경지에 올랐기 때문이다.

광기로 웃으며 영어 면접을 끝내고 나왔을 때 마음 한편에 들었던 생각 은 "아니, 현장에서 이런 수업이 가능해? 현직 교사들도 못하는 수업을 왜 우리 보고 하라는 거야."였다. 그렇게 시간이 지나 발령을 받고 '영어 교육 사례 발표회' 연수에 참여했을 때 나는 소름이 돋았다. 실제 경기도의 몇 몇 초등학교에서는 '국제 교류 수업'을 통해 영어 사용 국가 학교와 연계하 여 실시간 소통 수업, 문화교류 수업 등을 하고 있었다.

자, 그냥 어떤 소재가 나와도 '현장 어딘가에서 반영되고 있겠거니~' 하 면서 받아들여라. 의외로 임용 소재는 현장을 엄청나게 반영하고 있다.

초급자도 외우는 영어 만능틀

※ 도입-전개-정리 순서이지만 내용이 고정적이고 짧은 도입과 정리를 먼저 제시한다.

1. 도입(고정)

1) 인사

Good Morning/Afternoon, Everyone! How are you doing?

Oh, 민제 says he's feeling is bad. I think it's because today's weather is cloudy. But you will feel better after the English class.

Okay everyone, show me your twinkle twinkle eyes, big big ears, smiley smiley face!

2) 전시 학습 복습

Before we start the class, Let's review! Do you remember what we learned last class?

Wow 지민 said 'What will you do this winter?' It was the key expression of the last class! Excellent.

Let's start the today's lesson.

3) 동기 유발

Look at the blackboard. I will show you a part of a picture. What is it? Is it difficult? Then, I will show you a little bit more. Now, who are they? Where are they? What are they doing? That's it. Let's say it all together. Excellent.

Today we are going to learn the expression '**key expression**'. Let's say it all together. Good try. We are going to do 3 activities.

First, ~. Second,~. Third,~. Let's play!

2. 정리(고정)

Eyes on me! (Eyes on you!)

Now, it's time to wrap up.

Let's review today's lesson.

Students on the left side, please ask using the key

expression. Excellent!

Now students on the right side, please answer. Good.

Then, write down the key expressions on your happy

English note.

And then, color the stars based on your class attitude.

Next time, we are going to do some speaking/reading/

writing activities.

Boys and girls, today we were wonderful. Give a big hand

to yourselves.

3. 전개

First Activity

1) 듣기, 말하기, 읽기

빅북

Let's start today's first activity, Look & Listen/Look & Read.

What's this? Yes, this is a Big Book.

Look at the first page. What is the title? Yes, Let's read it together.

Who are they? Yes they are a tiger and a lion.(or 일상생활 관련 시키기)

Can you guess what they are talking about? 승철? (쉼) Oh, good guess! What else? 정한? (쉼) Oh that's interesting.

Please pay attention at STRESS, RHYTHM, INTONATION and listen carefully to check if your guessing is right or not. (빅북 넘기는 척)

Please read after me line by line to check your guessing is right or not. Be careful with STRESS, RHYTHM, INTONATION.

(빅북 넘기는 척)

Did you listen carefully? Great!

Wow, your reading is better that before.

Now, I will give you some questions.

1. What did Mr. tiger ask? Any volunteer? Okay 지수? That's it!

He said 'key expression'. Very good.

2. Then, what did Ms. lion answer? Hmm, 준휘? (쉼) Right!

She said 'key expression'. You did a good job.

These are today's key expressions. Repeat after me.

'key expression'. I can't hear you. Please speak louder.

'key expression'. Wow, It's better than the first time!

Brilliant!

2) 쓰기

Let's write the expressions that we learned.

I prepared some word cards. (문장 카드에서 주요 낱말을 보여

주며) Read it after me, 'a word from the key expression'.

(전체 카드를 보여 주며) Now, read the whole sentence. 'key

expression'.

Good. Now, let's write the 'key expression' in the air using your finger.

Let's start! (측면에 서서 공중에 그리는 시늉을 하며 천천히 철자-단어 순으로 읽는다.) Fantastic!!

This time, let's write the 'key expression' in the partner's palm using your finger. It might be itchy.

Okay, everyone did a great job!

Second Activity

1) 듣기, 말하기

Let's move on to the second activity

Second activity is Chant time!!!

I'll show you today's chant. 삑! This is sript.

Chant, Chant! Let's chant! We can do it! Let's chant!

What did 마크 ask in the chant?

What did 제니 answer in the chant?

Then, Let's chant together.

Wow! you are really great singer.

다함께 부르기

Then, Let's chant with group.

First, We are grouping group A, group B (손으로 동그랗게 표시)

Second, Group A asks, Group B answers. (손으로 지시)

Are you following me? Let's start!

Now, let's change the role. Ready~go!

짝과 함께 연습하기

(짝 활동) I'll give you a Chant script. (나눠주기)

Then Let's practice chant with your partner.

The left side please raise your hand. You will be 마크.

The right side please raise your hand. You will be 제니.

If you or your partner has difficulty, help each other.

Cooperation makes you guys grow up together. Let's start.

Everyone done? Let's color the self-check icons. Check your attitude and participation on this activity.

2) 읽기

저학년

Let's move on to the second activity. Let's read

Let's practice the words from the story. Look at the word card. Let's read it together.

At first, look at my mouth and repeat after me. Listen to the sound of the letter '철자'

'a word from the key expression'. (각 철자의 발음 입 모양을 보여 주며) Ex. R,E,A,D Read. X2 (느리게!!!)

Let's read it faster. 'a word from the key expression'. (빠르게!!!)

It's time to practice with your partner. Read the word aloud to your partner.

And help your friend if they need help. I'll give you 5 minutes, ready, Go!

Time's up! Who wants to read this word?

Oh, 원우? (쉼) Super great. You practiced a lot.

Who else? Oh, 지훈! (쉼) Awesome! Your pronunciation is getting better!

고학년

Let's move on to the second activity. Let's read

Let's practice the sentences from the story. Look at this sentence card. Let's read it together.

At first, look at my mouth and repeat after me. 'key expression'. (느리게!!!)

Let's read it faster. 'key expression'. (빠르게!!!)

This time, let's practice 'relay reading' with your group members.

Practice with your members, and help your friend if they need help. I'll give you 5 minutes. Ready, Go!

(순회 지도-무릎 꿇고) Oh 순영 Is there any problem?

순영, You can do it. Take your time. Read it slowly.

Oh, your English is way better than before!

Time's up! Let's check together.

First member of the group! (쉼) Second member? (쉼) Third? (쉼) The last? All of you are fantastic! I'm so proud of you all!

Then which group wants to show your 'relay reading' in the front?

(둘러보고) Wow, spring group! Come up to the front.

Everyone, let's cheer for them. (박수)

Everyone 1~ 2~ 3~ Wow~(다 같이 Wow 칭찬) Brilliant boys and girls, you practiced a lot. Please go back to your seat.

Third Activity

1) Snatch game(듣기)

Let's move on the last activity. It's our favorite game, 'Snatch game!'.

As you know, we've played this game a lot before.

What's the meaning of 'snatch'? right. Pick quickly.

I'll give you a set of picture cards.(There are pictures on the front and words on the back.)

Please spread out the cards on the desk(to the back.)

(삑) Here the rules. Let's read it together.

How many people are for 1 group? Right 6.

Then, who can be a winner?

Yes, Listen the key expression and pick up the right card and show it quickly(to the front.)

Are you following me? Then, Let's start!

(틱톡틱톡) Time's up! Who's the winner? Congratulations!

But, I think everyone did very well.

2) Whisper Game(말하기 & 읽기 or 쓰기)

Let's move on the third activity. It's your favorite game ccwhisper game'.

I think you guys all know the rules, but I will tell you once again.

The game will be start with ○○ members in each group. Here are the sentences, what we practiced the second activity.

The first person read this sentence card carefully and whisper the sentence to the next person.

Pass the sentence to the next person with whisper, and the last person raise your hand and speak or (write the sentence on the smart pad). The first team to write the correct sentence and send me wins.

Everyone understand? It is important to say and write sentences correctly. **Before the game, you have to remember this. Game is just a game. Please help each other and collaborate with your friends. Then let's start!** Let's start. Wow, the summer team is fastest. What is the answer? Right. Everyone let's give them the praising gun.

Good! Marvelous! Awesome!

3) Running dictionary game(말하기/읽기/쓰기)

Let's move on to the third activity. It's play time!

Now let's play our favorite 'Running dictionary' game!

Are you excited? (듣는 시늉) Alright, then I'll explain how to play the game.

It's a group work. The game will be start with 4members in each group.

First, there are four sentences from the big book on the wall. (손으로 4개의 벽을 각각 가리키며)

Second, each group member has to read and memorize each sentence.

Third, after then write(쓰)/make(말) a whole story with group members.

(말하기일 경우) Fourth, Speak out the whole story with your members.

Lastly, The group that writes(쓰)/says(말) the correct expression gets one point. And the group that gets the most points wins.

Any questions? Wow everyone gets it perfectly. Before the game, you have to remember this. Game is just a game. Please help each other and collaborate with your friends. Then let's start!

Time's up! Who is the winner? Congratulations! Everyone let's give a big hand to winter group.

Everyone done? Let's do peer-assessment.

Let's color the stars for your partner's cooperation attitude.

2.
정확한 답변으로 영어 면접을 완수하라

—

"이것만 해내면 영어 면접은 만점이다."

The Secret of Winning a High Score

두려움을 없애는 유형 분석

교대 동기이자 같은 관리 번호를 뽑아 바로 옆 고사장으로 동시 입실한 친구가 있었다. 3일간의 시험의 마침표를 찍는 서로의 모습을 함께 본 친구였다. 2차 면접장에서 함께 나오며 정문에서 임용을 완주한 서로의 사진을 찍어 주었던 친구였다. 2023 임용의 영어 수업 실연은 웃기게도 '호주에 있는 Mr. Jones와 동시 협력 수업을 진행하라'였다. 지금 생각해도 그냥 웃기다. 아무튼 당황스러웠던 실연을 웃으며 의연하게 마치고 2개의 영어 인터뷰 문제를 큰 문제 없이 해내고 나왔다.(결과도 변수 없이 실연 소수점 감점, 인터뷰 만점이었다) 친구와 함께 영어 인터뷰 문제를 맞춰 보았는데 친구가 당황스러운 말을 했다. 두 번째 문제에 대해 친구가 고사장 문을 닫고 퇴실하는 순간 망함을 직감했다고 했다. 친구의 말을 듣고 나는 고개를 갸우뚱했다. 두 번째 문제였던 AI 관련 소재는 그때 가장 유력한 예상 문제였고 대부분의 수험생들이 답변을 준비했을 것이기에 친구의 말은 의아했다. 이유를 묻자 친구는 너무 당황한 나머지 닳도록 봤던 'Artificial(인위적인, 인공의)'이 'Art(예술)'로 해석됐다고 했다. 그리고 예술의 위대함을 설명하다 나왔다고 한다. 이야기를 듣고 나는 벙쪘다. 이 얼마나 어이없고 안타까운가.

즉, 영어 면접에서 가장 중요한 것은 '정신을 똑바로 차리는 것'이다. 딱 4분이다. 즉답형 문제 2개를 정확히 파악하고 답변의 다양성, 유창성 등을 챙겨 대답해야 하는 시간. 긴장과 당혹의 연속인 상황에서 문제를 명확히 이해하고 필요한 답변만 뱉어 내는 전략을 제안한다.

영어 면접은 '영어 의사소통 능력'을 평가하는 시험이다. 말 그대로 '영어를 얼마나 유창하게 구사하는가'를 평가한다. 하지만 의사소통은 일방적으로 말하는 능력뿐만 아니라 상대가 요구하는 문제를 명확히 파악하고 그에 맞는 대답을 하는 '이해력'을 포함한다.

즉, '문제에서 묻는 내용에 대한 정확한 대답'을 하는 것이 매우 중요하다. 4분이라는 시간 안에 2문제에 대해 정확히 답변해야 하므로 수험생은 '시간 엄수'라는 압박감을 강하게 받는다. 이때 많은 수험생들이 하는 참담한 실수가 '문제를 잘못 이해하고 다른 답변을 하는 것'이다. 대참사를 방지하기 위해서는 신중하게 질문을 정확히 해석하고 답변해야 한다!

영어 면접에서는 있는 그대로 '영어 구사 능력'을 평가하기 때문에 질문의 폭도 넓다. 교육관이나 교육 이슈에서 나아가 개인적인 습관/취향/생각/미래 계획을 묻기도 하고 시사 이슈/문화 등에 대해 묻기도 한다. 즉 다양한 질문들에 자유롭게 답할 수 있어야 한다. 하지만 공부 시간은 한정적이므로 너무 큰 부담을 갖고 완벽히 답하는 것보다 내가 알고 있는 단어들을 최대한 잘 조합하여 설득력 있는 답을 어떻게든 대답하면 된다. 당황하지 않고 자신 있게 정확한 답을 하면 된다. 조금 틀려도 괜찮으니 묻는 질문에 정확히 답하는 것에 집중하여 연습을 하길 바란다. 다음은 실제 면접관 선생님들의 인터뷰, 컨설팅을 참고해서 영어 면접 채점 기준표를 만들어 보았다. 해당 기준을 바탕으로 공부 방향을 설정하는 것을 추천한다.

영어 면접 채점 기준표

평가 기준	세부 설명
유창성	다양한 단어를 활용하여 답변을 구상하는가.(같은 단어 계속 반복하지 않기)
답변의 다양성	한 문제에 대해 다양한 답변을 하는가.(해당 문제에 대해 2가지 이상의 답변하기)
정확성	문제에 대한 설득력 있고 논리적인 답변을 하는가.
발음 및 전달력	자신감 있는 목소리 또박또박 말하면 된다.(웬만하면 감점하지 않는 요소이다)

영어 면접 만능틀

문제 읽고, 대답	Please give me a moment to answer the first question. I will answer the first question. Thank you.	
서론	It is important to~. ~is crucial because it is essential for student's happy life. It is because ~is connected directly to ~.	So, the teacher should effort to be professional. There would be ~ ways. The ways to ~ are as follows.
결론	Based on what I said earlier, if I become a teacher, I will make a classroom that grows with students.	
자주 쓰는 문장	* 칭찬: compliment, praise, positive commend * 자존감: self-esteem * 가치: value 'It's okay to be wrong. Anyone can fail. Important thing is not the failure, but not to give up. Let's try with the teacher.', 'Failure is the mother of Succeed' * 학문의 즐거움: the joy of learning * 공감: empathy, empathize * ~하고자 하는 의지: willingness of ~ * participation, cooperation, collaboration, join together, work together, grow up together * a world rife with Individualism, the era of the Fourth Industrial Revolution	

가치관 관련 문장들

- If I become a teacher, I will effort to make a happy school.
- I will admit my mistake. I think the teacher can make mistakes because they are human.
- I believe the teacher's honest mind for the student lets the students open their minds.

교육 관련		
교사의 역량	Empathy	In the future, school could be generated with various people. Like multiculture-family students, disorder students, and the students and parents who have various personality. So, the teacher needs to have the empathy. I think empathy is essential to communication.
	Digital compliment	In the future, education technology will spill over. And it will solve many problems in the class. So the teacher has to use these technology in the class. The teacher need to study the ways to use these technology well.
	Cooperative problem-solving skills	There are many problems in school. School violence, depression students, conflict with parents and ext. And these problems are really hard to solving. I think the teacher can't solve these problems by oneself. The teacher needs to cooperate and help each other with other teachers. Cooperation will make the positive effects.
	Patient	In the class there are various level of the students. So, the teacher need to understand and wait for the students. Because they are in the process of learning.
	Communication skills	Teacher needs to communicate with students, parents and co-teachers. So teacher need to communicate with them based on understanding and respect.
학급 규칙	'Don't ignore friend who need help', 'Cooperate together'	There are small and big problems in class. But the teacher is just one, so teacher can't always solve the problems. So I will let the student help each other and talk together. I will say them 'Don't ignore friend who need help'. A world rife of the individualism, it is important to teach cooperation.
	'No, Violence. Only communication.'	School violence is crucial problem in these days. The teacher need to let the students respect each opinions and personality.
교사의 역할	guide	I think the role of the teacher is a 'guide'. Like guide who makes a trip a safe and enjoyable journey, teacher is student's companions. Teacher's role is guiding the students to discover their potential and creativity.

학생 지도 (라포 형성, 학생 참여 유도)	쉬운 과제, 단계적 심화 과제 부여	I will use the tasks that students can succeed easily. So, they will gain confidence and motivation. After that, provide difficult tasks step by step so that students can experience achievement.
	흥미 있는 주제 선택	I will organize lessons on topics that students are interested in or which is about student's daily lives. So they can empathize the topic of lesson and they can enjoy the class interestingly.
	협력 활동	I will use the cooperative activities. It let the students help each other and grow up together. Cooperation is really important in the world rife with Individualism.
	Positive feedback	I will provide a lot of positive feedback to my students. Because positive feedback let the students open their mind and participate actively in the class. And also, compliments raise student's self-esteem.
	역동적인 활동	I will use dynamic activities which is student-centered. So, student will participate more and they can experience the achievement. I will use game, role play, information gap tasks and ext.
소외 학생 지도	Positive feedback	I will develop students' confidence. Because confidence is directly connected to active participation. I will provide many positive feedback and cheer up their potential.
	Individual-partner-group-overall	I will let them Participate in individual or partner activities rather than a large number of discussion activities or overall presentations. Let them to communicate with a small number of people, and gradually increase the number of people.
	Express thought by various ways	I will let the student express in writing. Instead of forcing shy students to speak, I will let them try to express their thoughts in writing and praise the contents to gain confidence.

심화 학생 지도	Peer teacher activity	Second, I will let them Participate in individual or partner activities rather than a large number of discussion activities or overall presentations. Let them to communicate with a small number of people, and gradually increase the number of people.
	Individual learning through educational technology	I will do individual learning through educational technology. Through the smart pad, I will give individual tasks such as solving more difficult problems or writing with key sentences.
원어민 교사와 협력 방법	Pronunciation	I can be helped in pronunciation to my native teacher. Because I am not native, my pronunciation might be not exactly correct. So native teacher solve this problem and he or she will provide native pronunciation to students.
	The culture of English country	When Native teacher explain the culture of English country to students, Students will understand the culture of English country easier. And they can understand it more lively and closely.
	Teaching-learning method	I can be helped in teaching-learning method. Native teacher is the person who experience education of English country. So he or she can explain that in detail. So I can apply teaching-learning method of English country in my class.

기타		
우리나라 문화	Architecture	I think the architecture contains the history and culture of the era. So, I want to introduce 경복궁 which includes the history of Joseon Dynasty. And also, I will recommend to visit the Lotte Tower. Because it is one of the highest building in the world. When, we go up to the Lotte Tower, we can see whole of the Seoul.
	Hanbok	I want to introduce Hanbok. That's because Hanbok is the most beautiful cloth in the world. I really want to let them to try on Hanbok and walk in a traditional palace.
	Food	Korean Food is really delicious. Because of the warm climate of korea, there are many ingredient and recipe. So I will recommend them to try many fresh food like 불고기, 비빔밥, 삼겹살, and ext.

책	A hen into the wild	(서)Using the book to teach students is very crucial. In the era of Forth Industrial Revolution, 'reading skill' is one of the most important skills. And also, I can teach many values, knowledges and culture by the book. (본)My favorite book is 'A Hen into the wild'. This story's topic is 'Mother's Love'. When I read this book first in elementary school, I cried a lot. And that time was the turning point of my life. Because when I was young I didn't know my parents love me. But after I read this book, I finally realized sacrifice of my parent. (결)When I become a teacher, I want to recommend this book to my students. I want to let the students know about the fact that parent and teacher always love you. The fact that there is the existence who loves me, raises one's self-esteem.
취미	dancing	My hobby is dancing. I like listening the k-pop and dancing to a k-pop. When I was university student, I joined the dancing club. I was happy in the process of making the dancing stage by cooperating with my club members.
	hiking	My hobby is hiking. Because I really love the mountain. Mountain is beautiful because it is the place where a lot of lives are living. And also, the color of a mountain varies with the change of seasons. While climbing the mountain, I can meet many people who has same hobby with me, and the experience talking with them is really interesting.
장단점	Strength	- Empathy: I think my empathy skill is very good. Because when I met various people, they always said 'you are really good empathizer.' So, I think I will respect each student's personality, thought and their culture. - Energy: I have very cheerful and active energy. So, many people always smile and get good energy to me. I think I can give many positive energy to my students. And also, I like exercising and mountain climbing, so I think I can do many dynamic activities with my students. - The spirit of challenge: I am a person who is not afraid of challenge. I didn't care about the result and just enjoy the process. So, I have a lot of various experiences. Like dancing club, traveling many countries and communicate with other countries people. I think these experiences will let my students know about the value of challenge.

	weakness	- big voice: students can misunderstand like teacher is angry. So I will always smile and be kind to my students. Also, I will control my voice level - time management: I always want to do many activities in my class. And also I want to communicate more with my students. So, I usually over the class time when I was teaching practice. When I become a teacher, I will plan the class time specifically. And check the time frequently.
환경 보호	Recycle	We need to spend a lot of energy and times to get rid of garbage. So, we need to recycle, upcycle and reformation the trach.
	Vegiterian diet	When we feed the cow, pig and chicken, a lot of carbons are spilled out. So, we need to participate the vegiterian diet.
	Using public transportation	When we are riding the car, a lot of CO_2 are spilled out. And it is the reason of adnormal climate and environmental pollution. So we need to reduce the number of riding personal car.
회사 선택 시	Work and life balance	I like working at a company, but I also need personal time. I have to do hobbies and have fun with my friends to improve the efficiency of working at the company.
	Culture of the company	I want to work in a culture of cooperation and communication. They prefer a company atmosphere where they communicate freely and grow together.
	Vision of the company	If the company's vision and my values are similar, it will be more fun to work. I think I can work with affection for the company.
나에게 영감을 준 명언	Failure is the mother of succeed	- I become a person who not afraid of the challenge. I don't matter of the result I just focused on the process. - I realized the value of various experience. I knew I can learn a lot of things through the failure. And that experience makes me grow up. So I can experience various things.

Personal Questions

1 What's your hobby and talent?

2 Imagine that today is the first ever day of your English class as a teacher. How would you introduce yourself to students in English?

3 What was your favorite subject in High School? Will you explain why you preferred that subject?

4 What are 3 factors which should be considered when choosing a job?

5 Describe an experience in your life when you realized you wanted to become a teacher.

6 What have you learned from your mistakes?

7 Tell me about the person who influenced your life the most.

8 What can you do to protect the environment?

9 What efforts did you make to develop your English skills?

10 Tell me where you want to go on a field trip with students and why.

11 Tell me about Korean culture that you want to introduce to foreigners.

12 How could you describe Chuseok to your native-teacher?

13 How does the internet change the way you spend your free time?

14 What will you do if you were rich?

15 Tell me about a time you worked with a difficult person.

16 There was the Itaewon disaster in this year. Tell me about the safety education plan for students.

17 Tell us the positive aspects of watching the World Cup for students.

18 When AI is used in our life, tell the advantage and disadvantage of that.

19 Who influenced your life the most?

Teacher Qualities

1 What is the major reason why you wanted to become an Elementary teacher?

2 Tell me about a person who has influenced your own education an educational career.

3 What are your greatest strengths and weaknesses as a teacher?

4 How will you teach a student who doesn't like English?

5 What would you do if you didn't know the answer to a student's question?

6 List several compliments you would use when a student does well in class?

7 During a parent interview, a parent is angry with you and their child because your student has not performed well in last examination. What would you say to the parent?

8 Tell me how you can get students to follow class rules.

9 What are the future competencies that students need to develop and why?

10 How can you overcome the gap in English level between students in the classroom?

11 Tell me about your educational perspective and classroom activities you want to do.

12 What are the essential rules for class management?

13 What is the role of teachers in the future society?

14 What kind of help can you get if you prepare the class with your native teacher?

15 What are the advantages of English camp during vacation? Tell me 3 more.

16 What are the advantages of English camp during vacation? Tell me 3 more.

17 Which on-line platform do you prefer to use for teaching and learning materials based on blended learning?

18 The frequency of cyber bullying is gradually increasing. Tell us how to solve this problem.

19 How will you make safe educational environment for students?

20 If you become a teacher, how will you use Artificial Intelligence educationally?

이걸로 끝, 교육용 영단어 정리

교육용 영단어

Group work	모둠 활동	Speciality	특기	Stage by stage	단계적으로
Co-teaching	협력 수업	Development	발전	Gradually	점진적으로
School violence	학교 폭력	Motivation (promote motication)	동기 (동기 증진)	Participate in/join in	참여하다
Counseling	상담	Sympathize	공감하다	Cooperate, collaborate	협력하다
Education of humanism	인성 교육	empathize	강조하다	Request/ ask for	요청하다
Multicultural education	다문화 교육	Praise, compliment	칭찬하다	Make an effort	노력하다
Innovation	혁신	Educate/ discipline	훈육하다	Confidence	자신감
Creativity	창의성	Teaching by level	수준별 수업	Reward	보상
Responsibility	책임감	Flexible	유연한	punishment	체벌
Achievement	성취감	Tolerant	관대한	Interact	상호작용하다
Strength, advantage	강점	encourage	북돋다	Reflect	반영하다
Weakness	약점	Internalization	내면화	Overcome	극복하다
Virtue/value/ worth	가치, 미덕	Satisfy their needs	요구를 만족하다	Prohibit	금지하다

Goal/target	목표	Various teaching method	다양한 교수 방법	Understand	이해하다
Attitude	태도	Fairly	공정하게	Relationship	관계
Attentive into	주의를 기울이는	Experience	경험	Individual/ group activity	개인/집단 활동
Average	평균	Class management	학급 경영	Evaluate	평가하다
Objective	목표	Competitive	경쟁적	Guidance of life	생활 지도

영어 마스터 선배들의 고백

🖉 나보다 영어를 못하는 면접관들에게 답을 떠먹여 줘야 하는 아이러니
한 영어 면접

사실 여러분보다 면접관들이 영어를 못할 가능성이 낮지 않다. 교직 경력 최소 15년 차부터 20+N년 차 선생님들이 면접관으로 앉아 있으므로 세 명의 면접관 중 한둘 정도는 여러분보다 영어 실력이 월등하다고 자부하기엔 어렵다. 물론 잘하시는 선생님들도 섞여 계시며 영어 면접관은 특히 영어 능력이 우수한 선생님들이 들어오신다. 아무튼 이런 말을 하는 이유는 "쫄지 마라!"라는 메시지를 전달하기 위해서이다.

오히려 내가 영어를 너무 잘해서 쏼라 쏼라 빠르고 유창하게 말해 버리면 못 알아들을 수도 있다. 참… 영어 면접인데 영어를 적당히 잘해야 한다는 것이 아이러니하지만, 아무튼 그렇다. 이게 무슨 말이냐면 영어 면접의 방향성은 '내가 얼마나 영어를 잘하는지 뽐내는 것'이 아니라 '면접관에게 내가 조건을 얼마나 잘 충족했는지, 제시된 질문에 얼마나 정확하게 답하고 있는지를 알려주고 떠 먹여주어야 한다'는 것이다.

실제로 본인의 선배 중 영어를 매우 유창하게 구사하는 선배가 있었다. 영어 면접의 두 번째 질문에 대해 답을 하는 도중에 본인 스스로 느끼기에도 조금 고급 어휘를 섞어서 답변을 했다고 한다. 이때 면접관이 갸우뚱하

는 뉘앙스를 느꼈지만 오답이 아님으로 괜찮겠지 했다고 한다. 하지만 아니나 다를까 감점이 있었다고 한다. 전체적으로 완벽한 실연과 면접이었기에 감점 요소는 딱 그거 하나일 수밖에 없다고 했다.

즉, 여러분들은 제공되는 핵심 단어들과 만능틀을 적용하여 조건만 제대로 충족하면 된다. 앞서 말한 심층 면접과 수업 능력 평가와는 다르게 '기본만 해도 만점이 나오는 시험'이 3일 차 영어 면접이다.

그러니 자신감을 가지고 당당하게 준비한 대로 실연하라!

임용 2차 초고득점자의
시크릿 노하우

현직 교사가 추천하는 업그레이드 도구 모음집

–

"현장 교사가 떠먹여 주는 차별화된 2차 면접 무기"

The Secret of Winning a High Score

1. 인공지능 디지털 교과서(AIDT)

교육부는 2025년부터 '인공지능 디지털 교과서(AIDT)'를 학교 현장에 전면 도입할 예정이다. 2024학년도에 AIDT(Artificial Intelligence Digital Textbook)와 관련하여 현장 교사들에게 많은 공문과 수요 조사가 전달되었다. 또한 현장 교사를 대상으로 AIDT를 미리 사용해 보고 내년에 각 학교로 나가 강의를 진행할 '현장 교사 강사진'을 조성하기도 했다. 즉, AIDT는 교육부가 내년에 가장 중점적으로 시행할 사업 중 하나이자, 2024학년도에 많은 예산을 부은 정책이라는 것이다.

해당 주제에 대해 수험생이 대비해야 할 쟁점을 2가지로 정리하고자 한다.

1) AI 디지털 교과서 도입으로 인한 찬반 논쟁에 어떻게 대처할 것인가?

'맞춤형 교육' VS '인지 발달 저해'

교육부에서 거금을 들여 추진하는 AIDT는 현재 교육 현장에서 가장 뜨

거운 감자이다. 즉, 해당 쟁점에 대해 교육 공동체 내에서 많은 찬반 논쟁이 오가고 있다는 것이다. 정부는 학습 능력이 천차만별인 한 교실의 학생들을 개별적으로 관리하기 어렵다는 공교육의 최대 단점을 보완해 줄 수 있는 방안으로 AIDT를 내걸었다. 학교 정규 수업에서 AI 교과서를 활용해 학생들의 수준을 진단하고 그에 맞는 개인별 맞춤형 학습을 제공할 수 있다는 것이다.

하지만 이런 엄청난 장점에도 'AI교과서 도입 유보를 촉구하는 국회 국민 청원'이 5만 명 이상의 동의를 얻어 2024년 6월 국회 교육위원회에 회부됐다. 학습 동기 및 집중력 저하, 경제 수준에 따른 교육 불평등 심화, 문해력 붕괴 등의 이유로 거센 반론이 일어난 것이다.

자, 교육부의 정책을 시행하는 산하기관에 있는 여러분들은 이제 어떤 결정을 내릴 것인가? 현장에서의 해당 논쟁을 정확히 인지하고, 이에 대처할 예비 교사로서의 대비책을 마련해 보길 바란다. 단순히 수험생에서 벗어나, 내년에 해당 공문을 직접 받아 들고 교단에 서야 하는 교사로서 생각해 본다면 더욱 진심이 담긴 답을 찾아낼 것이다.

2) 인공지능 디지털 교과서를 도입하기 위해 예비 교사로서 가져야 할 준비 자세는 무엇인가?

'하이테크 하이터치'

인공지능과 인터넷이 발달하기 시작하며, '지식 전달'의 영역에서 교사는 밀려나고 있다. 그렇다면 학교와 교사는 사라져도 되는가? 모든 학생들이 인공지능 디지털 교과서만을 쥐고 각 가정에서 수업을 받으면 되는가?

단연코, 아니다. 그렇다면 교사는 인공지능이 판을 치는 디지털 대전환의 시대에서 어떤 역할을 수행해야 할까? 우리는 이 답을 '하이테크, 하이터치'라는 단어에서 찾아낼 수 있다. 교육부에서 말하는 하이터치 하이테크의 개념은 다음과 같다.

개념	주체	의미
하이 터치 (High Touch)	교사	학생 참여형 수업을 통해 고차원적 학습을 지원하고, 인간적 연결을 통해 학생의 사회 정서적 역량을 기르는 것
하이 테크 (High Tech)	AI 디지털 교과서	AI 디지털 교과서 AI 코스웨어 등 디지털 기술을 활용하여 개인별 최적화된 맞춤 교육을 제공하는 것

즉, AI 디지털 교과서는 학생 개개인에게 맞춤형, 개별화 학습을 지원하고(하이테크), 교사는 학생들의 사회·정서 역량을 길러 주며 학습 동기 강화, 성취감 제공, 창의력 강화 등의 역할을 수행(하이터치)하는 것을 의미한다.

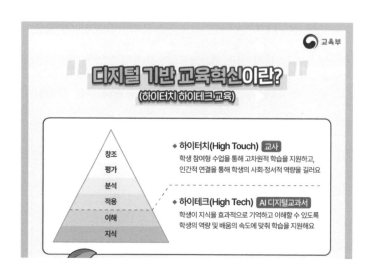

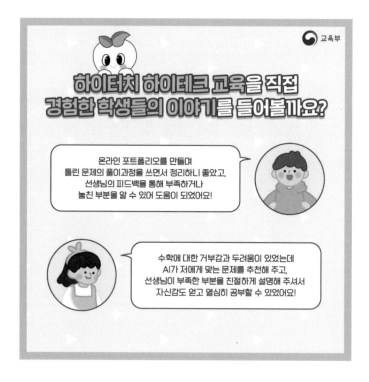

교사는 하이테크와 하이터치의 의미를 명확히 이해하고 기술과 조화를 이루는 교육을 실현해야 한다. 교사의 하이터치 역할 수행을 위해 현재 교육계에서는 '사회 정서 학습'에 대한 연구도 지속되고 있다. 학생들이 학교라는 공간에서 '성취의 경험을 바탕으로 자존감을 향상'하고 '친구·교사와의 상호작용을 통해 사회·정서적 안정을 이룰 수 있도록 돕는 것'이 교사 하이터치 역할로 주어지고 있다.

디지털 대전환, 교육 대전환의 시대에 교사는 우리가 수행해야 할 역할을 명확히 인지하고, 기술과 공존하며 교실 혁명을 이루는 주체가 되어야 한다. 기술이라는 파도에 휩쓸리는 것이 아니라 기술이라는 파도를 잘 타서 목표점에 도달할 수 있는 추진력을 얻는 교사가 되기를 바란다.

2. IB 교육

IB(International Baccalaureate) 교육은 국제 바칼로레아 교육의 약자로 국제적으로 인정받은 교육과정이다. 주어진 정보를 암기하고 오지선다형으로 정답을 고르는 대한민국 평가 방식과는 매우 다른 형태의 교육 및 평가 체계이다. 학생들이 자신이 원하는 주제에 대해 깊이 있게 고민하고 토의·토론하며 창의력, 비판적 사고, 문제해결력, 협업, 의사소통 능력 등을 향상시켜 가는 교육과정이다. 평가 방식이 전면 서·논술형 평가로 전환된다는 점에서 엄청나게 혁신적이기도 하다. 자세한 IB 교육의 정의 및 방법에 대해서는 다음 QR코드를 참고하길 바란다.

IB교육설명자료

　이미 전 세계에서는 IB 학교가 없는 나라를 찾는 것이 빠를 정도로 많은 국가에서 시행되고 있다. 우리나라도 제주, 대구를 시작으로 전국적으로 IB 학교를 늘려 나가고 있다. 2024학년도에도 IB 관심 학교가 추가 선정되었다. 2024학년도 IB 프로그램 운영 계획에 따르면, 교육청은 IB 학교 운영, 교원 실천 역량 강화 연수, IB 프로그램 공감대 확산을 위한 설명회 개최, IB 학교 질 관리 등의 세부 정책을 바탕으로 내실 있는 IB 교육을 위해 힘을 쓰고 있다. 세부적인 사항은 교육청 홈페이지에서 확인하면 좋을 듯하다.

IB프로그램 운영계획

2024학년도는 공교육에 IB가 도입된 지 5년 째 되는 해이며 2023, 2024 임용

소재로 아직 출제되지 않았기 때문에 출제 가능성이 낮지 않다. 이를 대비하기 위한 2가지 쟁점을 제시한다.

1) IB 교육 실현을 위해 어떤 노력을 할 것인가?

"교육의 질은 교사의 질을 뛰어넘을 수 없다."라는 유명한 교육 격언이 있다. 즉, IB 교육이 목표로 하는 학습자 상으로 학생들을 양성하기 위해서는 교사 또한 그러한 사람이 되어야 한다.

IB 학습자상

모든 IB 프로그램의 목표는 인류의 공통 과제에 관심을 두고 세계를 함께 지켜나갈 책임을 다하는 청소년들이 국제적 소양을 갖춘 인재로 성장하여, 더 평화롭고 보다 나은 세상을 만들어나갈 수 있도록 돕는 것입니다. IB 학습자로서 우리는 다음 역량을 추구합니다.

탐구하는 사람
우리는 호기심을 키워 탐구하고 연구하는 능력을 향상시킵니다. 우리는 독립적으로 또 다른 사람과 함께 배우는 법을 압니다. 우리는 열정을 가지고 배움에 임하며, 학습에 대한 열의를 잃지 않습니다.

지식이 풍부한 사람
우리는 개념적 이해를 통한 성장을 지향하며, 다양한 학문의 지식을 탐구합니다. 우리는 지역적이고 세계적으로 중요한 사안들과 의견에 관심을 기울입니다.

사고하는 사람
우리는 비판적이고 창의적인 사고력으로 복잡한 문제를 분석하며 책임 있게 행동합니다. 우리는 합리적이고 윤리적인 의사결정을 주도합니다.

소통하는 사람
우리는 하나 이상의 언어와 다양한 방법으로 창의적이고 자신 있게 우리 자신을 표현합니다. 우리는 다른 개인과 집단의 의견을 경청하며 효과적으로 협력합니다.

원칙을 지키는 사람
우리는 공정성과 정의감을 바탕으로 인간의 존엄성 및 권리를 존중하며, 성실하고 정직하게 행동합니다. 우리는 우리 자신의 행동과 그 결과에 따른 책임을 집니다.

열린 마음을 지닌 사람
우리는 비판적인 사고를 통해 우리 고유의 문화와 역사를 바라보고 타인의 가치관과 전통을 수용합니다. 우리는 다양한 관점을 추구하고 평가하며, 경험을 통해 성장합니다.

배려하는 사람
우리는 서로 공감하고 격려하며 존중합니다. 우리는 봉사 정신을 갖고, 타인의 삶과 지역 사회에 긍정적인 변화를 도모합니다.

도전하는 사람
우리는 철저하게 계획하고 의사결정을 내려 불확실성에 도전하며, 독립적으로 또 협력을 통해 새로운 아이디어와 혁신적인 전략을 모색합니다. 우리는 도전과 변화에 맞서 굴복하지 않고 슬기롭게 대처해 나갑니다.

균형잡힌 사람
우리는 자신과 타인의 행복을 위해 삶의 지적, 물리적, 정서적 균형을 이루는 것이 중요하다는 것을 알고 있습니다. 우리는 타인뿐 아니라 우리가 살아가는 세상과도 상호 의존함을 인지하고 있습니다.

성찰하는 사람
우리는 세상과 자기 생각 및 경험에 대해 깊게 생각합니다. 우리는 개인의 학습과 성장에 도움이 되도록 우리 자신의 강점과 약점을 이해하려고 노력합니다.

IB 학습자상은 IB 월드 스쿨이 중요시하는 열 가지 특성을 나타냅니다. 우리는 이러한 특성이 개인과 단체가 지역과 국가를 넘어 글로벌 커뮤니티에서 책임감 있는 구성원으로 자라는 데 도움을 준다고 믿습니다.

International Baccalaureate®
Baccalauréat International
Bachillerato Internacional

© International Baccalaureate Organization 2020
International Baccalaureate® | Baccalauréat International® | Bachillerato Internacional®

이러한 역량을 기르기 위해서는 다양한 방법이 있을 것이다.

✎ 국제적 소양을 기르기 위한 서적 읽기

✎ IB 전문가 역량 강화 연수 참석하기

✎ 각종 연구회 및 전문적 학습 공동체 참여하기(제주, 대구 및 IB 학교 선생님들 연계)

위 방법을 구체적으로 어떻게 이루어 갈지, 더 나은 방법들은 무엇일지 등을 고민해 보고 정리해 놓길 추천한다.

2) IB 교육을 활용해 어떤 교육을 할 것인가?

IB 교육은 교수학적 측면에서 탐구, 지역과 세계적 맥락에 연결, 팀워크와 협력, 정보 활용을 통한 문제해결을 강조하고 학습적 측면에서 질문, 사고, 조사, 의사소통, 자기 주도를 강조한다. 이러한 목표를 성취하는 IB 교육을 구체적으로 어떠한 교과에서, 어떠한 방식으로 운영할 것인지를 생각해 보는 것이 좋다. 상세하고 체계적인 답변일수록 여러분의 진실성과 전문성이 어필된다. 그리고 그 바람이 여러분들을 면접 고득점으로 이끌어 주는 움직임이 될 것이다.

3. 깊이 있는 수업

2022 개정 교육과정은 학생들이 삶과 연계한 유의미한 배움을 얻을 수 있도록 '역량 함양 교과 교육과정'을 강조하였다. 2022 개정 교육과정에서 강조하는 '역량'을 실현하기 위해 교육청은 '좋은 수업은 어떤 수업일까?' 라는 질문을 던졌다. 그리고 그에 대한 답으로 '깊이 있는 수업'을 설정하였다.

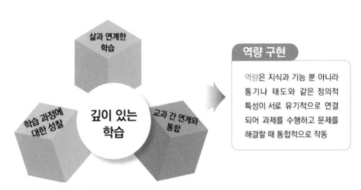

<역량 함양을 위한 교과 교육과정의 강조점[1]>

"사유하는 학생, 깊이 있는 수업"

이라는 슬로건으로 역량을 갖춘 인재 양성을 위한 '좋은 수업'의 방법에 대해 제시하는 정책이다.

"깊이 있는 학습, 교과 간 연계와 통합, 삶과 연계한 학습, 학습 과정에 대한 성찰"

경기미래교육의 교수·학습 방향[4]

깊이 있는 수업은 위 4가지 강조점을 중심으로 학생들이 학습 내용의 필요성을 온몸으로 체감하고 배움을 만끽할 수 있는 수업을 제안한다. 그리고 깊이 있는 수업을 이끄는 주요 도구로 '탐구 질문'을 제시한다.

자세한 내용은 다음 링크의 자료집에서 습득하길 바란다. 내용이 방대하다면 프레임워크만 읽어도 충분하다.

깊이 있는 수업 자료모음

해당 소재에 대한 포인트는 '깊이 있는 수업의 정의'를 아는 것이 아니라 '깊이 있는 수업이 강조하는 내용들을 어떠한 방법으로 실현할 것인가에 대해 답할 수 있느냐, 없느냐.'이다. 해당 소재가 만약 시험에 나온다면 아마 구상형 자료에서 '깊이 있는 수업의 프레임워크'를 제시해 줄 것이다. 쟁점은 주어진 프레임워크를 정확히 해석하고 자신만의 방법을 설명하는 것에 있다.

AI 연구학교 교사가 말아 주는 에듀테크 알짜배기 설명

 1. 하이러닝 ★★★★★
경기도 교육청이 제작한 AI 코스웨어

1) 기능

✎ 과목별 수업 설계가 가능하다.

✎ 교사의 ppt 및 학습지를 학생들의 태블릿에 배포하고 개별 필기가 가능하다.

✎ 교사의 전체 학생 실시간 모니터링 및 통제가 가능하다.

✎ 학습 결과물이 누적되면 자동적으로 포트폴리오가 생성된다.

✎ 교사는 클릭 몇 번으로 문제지 생성 및 배포가 가능하다.

✎ 학생들이 풀이한 학습지가 누적되면 'AI 추천 문제'를 제공한다.

✎ 각종 링크를 공유 화면에 첨부하면 학생들이 클릭 한 번으로 링크 접속이 가능하다.

✎ 동영상 시청 시 소리는 교사의 TV에서만 나오고, 학생들의 각 화면에서 동영상이 재생되기 때문에 시력이 안 좋은 학생들도 영상 시청이 매우 편리하다.

2) 활용 방식

✎ 국/수/사/과 +a 수업 진행의 중심 툴로 사용한다.

✎ 각종 자료(학습지, 문제지)/링크 등을 배포한다.

✎ 발표 활동을 하며 발표자 학생의 모니터를 실시간 미러링한다.

✎ 동영상을 시청한다.

✎ 학습 마무리 활동으로 AI 추천 문제를 풀도록 한다.

하이러닝 설명 영상

2. Canva
콘텐츠 제작 플랫폼

1) 기능

✎ 포스터, ppt, 만화, 책, 동영상 편집 등 다양한 산출물을 제작할 수 있다.

✎ 교사의 교육용 계정을 통해 학생들과 함께 팀 또는 클래스 운영이 가능

하다. 생성한 클래스에 과제 배포, 공동 편집 등이 가능하다.

2) 활용 방식

✏️ 개인/짝/모둠 별 프로젝트 산출물 제작 도구로 활용할 수 있다.

3. 패들렛/띵커벨 보드
의견 및 작품 업로드 및 댓글을 통한 실시간 소통 공간

1) 기능

✏️ 학생들이 개인별로 작품이나 의견을 업로드할 수 있다. 해당 게시물에 여러 사람이 댓글을 달고, 별점을 주고, 하트를 누르는 등의 소통 활동을 할 수 있다.

✏️ 단순히 블록형 테마도 있지만, 섹션은 나눌 수 있는 테마, 벌집 모양 테마, 출석부 형(학생별로 하나의 섹션) 등도 있다.

2) 활용 방식

✏️ 토의/토론 수업의 도구로 활용할 수 있다.

✏️ 전시/관람 활동의 도구로 활용할 수 있다.(인터넷 공간에서의 갤러리 워크)

4. 클래스 툴
각종 수업 보조 도구 플랫폼

1) 기능

🖊 웹 링크 및 콘텐츠 전송

🖊 OX, 객관식, 주관식 퀴즈 배포

🖊 화이트 보드

🖊 교사 화면 공유

🖊 수업 집중 도구 탑재(주의 집중 알림, 선착순 부저)

2) 활용 방식

🖊 수업의 단순한 도구로써 활용한다.

5. 투닝

만화 제작 프로그램

1) 기능

✎ 다양한 표정, 캐릭터, 배경, 말풍선, 효과 등이 있다.

✎ 카메라로 학생 표정 인식하여 AI 분석 후 그림으로 구현한다.

2) 활용 방식

✎ 국어 우리말 속담/역사 단원 등에서 스토리를 만화로 표현하는 활동으로 활용할 수 있다.

 6. 똑똑 수학 탐험대

저 · 중학년 수학 코스웨어(1~4학년 전용)

1) 기능

✎ 게이미피케이션 툴을 적용했다.

✎ AI 진단 및 맞춤형 학습을 제공한다.

2) 활용 방식

✎ 수학 학습 도구이다.

> ### 7. 매쓰홀릭
> 수학 코스웨어

1) 기능

✎ 수학, 수학 익힘 교과서 연계 학습이 가능하다.

✎ 학생 수준을 고려한 개별 학습지 제공이 가능하다.

✎ AI 오답 분석 및 오답 유사 학습을 통한 맞춤형 학습이 가능하다.

✎ 진단, 학습, 평가 모든 것이 이루어진다.

✎ 그린 챌린지: 학습 성취도에 따라 빨강, 노랑, 초록으로 각 소단원마다 결과가 표시된다. → 모든 칸을 초록색으로 채우는 '그린 챌린지'를 통해 학습 의욕을 촉진할 수 있다.

2) 활용 방식

✎ 수학 학습 도구이다.

8. 클래스카드
영어 학습 도구

1) 기능

✎ 단어 카드 학습, 빈칸 학습, 문장 배열 및 영작 학습을 한다.

✎ Key expression 반복 학습 및 Test를 진행한다.

2) 활용 방식

✎ 영어 학습 도구이다.

9. AI 펭톡
EBS 제작 영어 학습 코스웨어

1) 기능

✎ 게이미피케이션 요소를 도입했다.

✎ 영어 단어, 문장 학습, 챗봇 대화 등의 기능이 있다.

2) 활용 방식

✎ 영어 학습 도구이다.

10. 코드모스

실과 코딩 학습 코스웨어. 엔트리에 흥미 요소와 추가 기능을
더한 버전이다.

1) 기능

✎ 블록 조합형 코딩 활동, 게임 만들기, 기초 컴퓨터 기능 학습(마우스 익
히기, 타자 연습 등)을 할 수 있다.

✎ 디지털 윤리 교육: 코드모스에서 제공하는 인공지능 윤리 검사를 통해
디지털 리터러시를 기를 수 있다.

2) 활용 방식

✎ 5,6학년 실과 연계 코딩 수업 도구로 사용한다.

✎ 디지털 기기 미숙 학생에게 타자 연습, 마우스 조작 연습을 시킬 수 있다.

11. ZEP

메타버스 활용 퀴즈 플랫폼

1) 기능

✎ 교사가 직접 퀴즈 제작 후 QR코드로 학생들에게 배포한다.

✎ 메타버스 속 공간을 학생들이 이동하며 퀴즈를 풀고 완주하면 순위가 분석되어 나온다. 게임 요소가 강해 학생들 반응 폭발적이다.

2) 활용 방식

✎ 전시 학습 복습 퀴즈, 본 차시 학습 마무리 퀴즈, 소 · 대단원 마무리 퀴즈 등 모든 문제 풀이 활동에 활용할 수 있다.

✎ 교사의 퀴즈 출제뿐만 아니라 학생들이 가입해서 퀴즈 제작도 가능하다.

12. 띵커벨 퀴즈/퀴즐렛/카훗
게임 요소를 접목한 퀴즈 플랫폼

1) 기능

✎ 교사가 직접 퀴즈를 제작하여 QR코드나 방 번호로 학생들에게 배포한다.

✎ 학생들의 순위가 실시간으로 교사의 TV 화면에서 바뀜으로 학습 의욕을 촉진할 수 있다.

2) 활용 방식

✎ 전시 학습 복습 퀴즈, 본 차시 학습 마무리 퀴즈, 소 · 대단원 마무리 퀴즈 등에 활용할 수 있다.

13. 우리 반 관계 읽기 AI 기반 교우관계 분석 서비스
교우관계 분석 도구

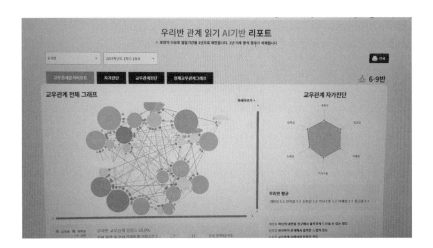

1) 기능

✎ 수업 나눔에서 언급 및 활용이 가능하다.

✎ 학생들의 설문 조사를 기반으로 우리 반 내의 친구 관계를 그물망으로
시각화해준다.

✎ 조건 아동의 교우관계 지도 방식 중 하나로도 언급이 가능하다.

예) 사전 자율 활동 시간에 우리 반 관계 읽기 AI 기반 교우관계 분석 서비
스를 활용하여 학급의 교우관계를 분석했습니다. 조건 아동 ○○이와 친
밀감이 높고 봉사심이 있는 ○○이를 짝꿍으로 배치하여 학습 시간에 도

움을 주고받을 수 있는 배움 짝으로 활용하였습니다. 조건 아동 ○○이의 교우관계 자가진단표를 미리 파악하고, '의사소통 성향과 개방성이 높다'는 특징을 활용하여 모둠 활동을 계획했습니다.

2) 활용 방식

✏ 수업 나눔/심층 면접에서 활용이 가능하다.

※ 에듀테크를 바라보는 현장 교사들과 교육부의 관점

현재 에듀테크 사업은 교육부와 교육청에서 엄청나게 밀고 있는 사업이다. 많은 홍보, 정책, 예산의 포커스가 '에듀테크와 디지털 교육'에 초점이 맞춰져 있다. 2025학년도부터 본격적으로 디지털 교과서가 순차 도입될 예정이다.

하지만 교사와 학부모들의 의견은 분분하다. 실제 디지털 교과서 도입을 가지고 교육 공동체 내에서 갑론을박이 이어지고 있다. 세상에 완벽한 정책은 없다. 장점이 있으면 단점도 무조건 따른다. 에듀테크 또한 마찬가지이다. '편리함, 창의성 신장, 맞춤형 학습 제공, 자기 주도성 신장 등' 수많은 장점이 있지만 에듀테크에는 단점도 존재한다. '심각한 문해력 문제, 재미만을 추구하는 학습 방식, 짧은 집중력, 시력 저하 및 거북목 등'의 문제점도 따른다. 이러한 장단점을 필두로 교사들과 학부모들은 많은 고민과 씨름을 하고 있다.

자, 여러분은 이러한 문제를 인지하고도 그저 '교육부와 교육청이 추진하는 사업이니 따라가리라.'라고 쉽게 말할 수 있는가? 물론 교사는 상위 기관인 교육부와 교육청에서 추진하는 정책을 이행해야 한다. 하지만, 같은 이행임에도 교사가 어떤 태도로 접근하느냐에 따라 학생들이 받을 교육의 질과 방향성은 천차만별이다. 수동적으로 유행하는 교육 방식을 따르는 것이 아니라 끊임없이 해당 교육이 학생들에게 미칠 결과를 생각하고 고민하길 바란다.

필자는 여러분들이 '예비 교사'라는 사실을 인지하고 앞으로 내가 할 교육으로써 모든 정책을 바라보길 희망한다. 여러분은 급격히 변화하는 사회에서 '디지털 네이티브'인 학생들을 '올바른 성인'으로 교육하기 위해 어떤 고민을 할 것인가? 단순히 디지털 기기 활용 교육만을 제공하는 학교는 무의미하다. 디지털 네이티브인 학생들은 이미 교사보다 더 디지털 기기를 능숙하게 다룬다. 교사는 학생들을 '디지털 시민'이자 '민주 시민'으로서 어떻게 성장할지를 고민해야 한다. 우리는 윤리 의식, 인성, 소통 및 협력, 감수성, 문해력 등을 갖춘 미래 시민으로 그들을 성장시키기 위해 어떻게 디지털과 아날로그를 분배하여 활용할지를 고찰해야 할 것이다.

나의 교실을 그리는 학급 운영 방식

수업 실연과 수업 나눔을 준비하며 나의 교실을 그려보는 것을 추천한다. 결국 수업들은 나의 교실 속에서 이루어지는 하나의 활동이기 때문이다. 수업 실연과 수업 나눔의 깊이를 더하고 살을 붙이려면 전체적인 교실의 그림을 그리는 것 또한 하나의 팁이 된다. 수업 나눔에서 해당 활동을 선택한 이유, 교육관, 조건 아동을 관리하는 방식 등에 대해 묻는 질문에 단순히 실연에서 보여 준 내용만이 아니라, "방금 보여 드린 수업에서 저는 ~하게 지도했습니다. 저의 교육관은 ~이기 때문에 아침 활동, 점심시간, 학급경영 활동 등을 통해 해당 학생을 ~하게 지도하고 있습니다."라고 답변한다면 훨씬 풍부한 답변이 된다.

즉, 교실의 전체적인 큰 그림을 그리며 면접에서 답변할 만한 소재를 더 만들어 놓으라는 것이다. 여러분들이 교실을 그리는 데에 참고가 될 만한 필자의 학급 운영 활동을 소개한다.

* 제시되는 활동들은 여러 선배 선생님들의 활동을 변형한 활동들이 많고, 독자적으로 본인이 설계한 활동도 섞여 있다.

1. 학급을 국가로!

이는 '학생 자율성' 관련 소재로 활용할 수 있다. 학급 구성원들이 더 소속감을 갖도록 학기 초 활동으로 '국가 세우기' 활동을 진행한다.

1) 대통령 이름 정하기(교사 별칭)

🖊 결과물: 뽀로로 → 뽀쌤(2023), 도날드덕 → 덕쌤(2024)

🖊 면접으로 이어지는 답변: 선생님과의 친밀도가 증가한다. 친숙한 별칭은 한 번 더 교사를 부르게 한다. 교사를 부르면 자연스럽게 스몰 토크로 이어지고 편안하고 솔직한 소통 관계를 형성하게 된다.

2) 나라 이름

🖊 결과물

　　뽀연민국: 뽀로로들과 도연쌤이 만들어 가는 민주주의 국가(2023)

　　오백민국: 오리 백성들이 만들어 가는 백 점짜리 민주주의 국가(2024)

🖊 면접으로 이어지는 답변: 함께 세운 국가는 구성원들의 소속감을 높인다. 소속감은 협력, 소통, 봉사, 협조 등의 가치를 이끌어 낸다.

3) 나라 헌법

✎ 결과물: 함께 세운 학급 규칙

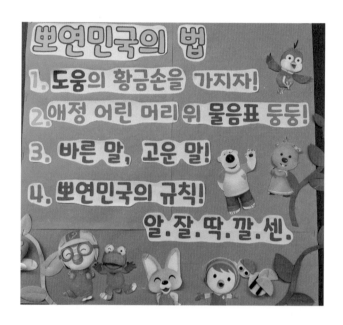

✎ 면접으로 이어지는 답변: 학생들이 직접 만든 규칙은 규칙 준수의 타당

성 및 참여도를 증가시킨다. 함께 존중하고 규칙을 지키며 성장하는 학

급 분위기가 형성된다.

4) 직업 활동(1인 1역 연계)

✏️ 결과물: 학생들은 직업을 1개씩 맡아 학급에 필요한 역할을 수행한다. 아래 사진은 국세청장이 세금 명세표를 적는 중이다.

✏️ 면접으로 이어지는 답변: 학급 내 필요한 역할들을 함께 논의하고 직업의 이름, 월급 등을 모두 같이 정한다. 이를 통해 학생들은 역할들에 대해 더 책임감과 애정을 갖게 된다. 모든 역할이 서로 필요하다고 느껴 채택된 역할이므로 모든 직업의 가치를 서로 인정하기 때문이다.

직업 활동을 통해 얻게 된 월급으로 적금, 주식, 소비 등 다양한 경제활동에 참여하게 된다. 자신의 노력에 의한 성과를 제공받음으로 학급 활동에 더 열심히 참여한다. 동시에 경제활동은 자기 통제력, 계획적 생활 습관 등을 형성하여 학생들의 인격 형성에도 도움이 된다.

5) 화폐 이름

✎ 결과물: 뽀인(2023), 오인(2024)

✎ 면접으로 이어지는 답변: 화폐를 활용하여 적금, 주식, 쿠폰 소비 등의 활동을 한다. 모든 활동을 자발적 선택으로 수행하기 때문에 '자기 통제', '합리적 선택' 등을 직접 경험하게 한다.

2. 학급 다모임

학급 다모임은 수평적 관계, 학생 주도적 학급 운영, 학급 긍정 훈육 법(PDC) 등의 키워드를 뒷받침할 수 있는 활동이다. 이는 학급 임원이 주도적으로 진행하는 학급 회의에서 벗어나, 모든 학생들이 동그랗게 모여 앉아 일주일 동안 있었던 학급의 사건 사고들에 대해 이야기하는 시간이다. 학생들이 직접 문제를 제기하고 함께 존중하며 해결 방식을 찾아 나간다. 학생들의 주체성을 기를 수 있고, 해당 과정이 반복될수록 자연스럽게 '나는 친구들과 함께 학급을 구성하는 구성원'이라는 책임감을 갖게 된다.

3. 선생님과 가까워지는 '아이스티 데이트'

점심시간을 활용하여 아이스티를 한 잔 들고 운동장 스탠드로 나간다. 신청한 학생들(1인~5인)과 함께 주제 상관없이 다양한 대화를 나눈다. 교우 관계, 진로, 학업, 관심사 등 여러 이야기를 자유롭게 들어 주다 보면 학생들과의 관계는 자연스레 가까워진다. 신기하게도 학생들이 꾸준히 아이스티 데이트를 신청하고 있고, 발령 시점부터 현재까지 특별한 일정이 없는 한 매일 점심시간에 운동장으로 아이들과 함께 나가고 있다.

4. 한 달에 한 번 진행되는 계기 교육 프로젝트/진로 교육

한 달에 한 번 환경, 생명 존중, 국토수호, 친구 사랑 등을 주제로 계기 교육 프로젝트 수업을 운영하고 있다. 짧게는 3차시 길게는 일주일 전체를 투자하는 프로젝트를 운영하며 학생들은 해당 주제에 대해 깊이 이해하고 주도적으로 고민하게 된다. 세상을 바라보는 다양한 시각을 학생들이 갖길 바라는 마음으로 프로젝트를 운영하고 있다. 실제 학기 말 활동을 '가장 기억에 남는 활동'에 대해 물었을 때 대부분의 학생들이 프로젝트 수업을 언급하고 있다.

2차 면접 D-3 당신에게 필요한 이야기

—

"임용고시 완주 3일 전, 면접장으로 향할 당신에게 전하는 이야기"

The   Secret   of   Winning   a   High   Score

임용고시 면접관 인터뷰

전교 1등, 수능 만점자는 항상 "출제자의 의도를 파악하는 것이 만점의 비결이에요."라고 말한다. 면접 만점을 위해 우리는 면접관이 중요하게 보는 것과 채점 기준을 명확히 알고 겨냥해야 한다. 그래서 임용고시 면접관을 5년 동안 하셨던 교장 선생님을 인터뷰하게 되었다. 최근 5년 동안 임용고시 2차 면접장에 직접 들어가 수천 명의 수험생들을 대면하고 분류하셨던 면접관에게 여러 질문을 던져 보았다.

Q. 수험생의 인상이 평가에 영향을 미치나요?

A. 100% 영향을 미치지 않는다고는 말할 수 없습니다. 사람의 평가이기 때문에 인간으로서 느껴지는 선함과 따스함이 영향을 미치기는 합니다. 해당 시험의 목적은 '교사를 뽑는 것'입니다. 즉 면접관들은 초등교사로서 자질이 있는지를 유심히 보게 됩니다. 단순히 조건을 충족하는 것

뿐만 아니라 초등교사로서의 친절함과 선함을 보며 교직 적합성을 평가합니다. 수험생이 면접에 임하는 태도를 통해 진정성과 사명감을 파악하고 표정과 언어를 통해 따스함과 바른 인성을 봅니다.

동시에 감점 요인이 되는 것은 아니지만 면접관에게 교사로서의 적합성을 어필하고 설득하기 위해 단정한 옷차림을 추천합니다. 과도한 명품 로고 치장, 화려한 액세서리, 짧은 치마는 굳이 싫습니다. 예비 교사로서 면접의 집중을 돕는 옷차림을 지향합니다. 단정하고 무난한 정장 스타일을 추천합니다.

Q. 긴장해서 떨리는 것이 당연한데 이 또한 감점 요인이 될까요?

A. 떠는 것은 감점 요인이 아닙니다. 사람이고 일생일대의 시험인데 당연히 떨릴 것이라고 생각합니다. 손이나 목소리가 떨리고 몸이 경직되어 있는 것은 감점 요인이 아닙니다. 하지만 긴장한 나머지 해야 할 대답을 못하거나 조건을 누락하는 것, 그리고 답변의 앞뒤가 맞지 않고 논리성과 체계성이 무너지는 것은 엄연한 감점 요인입니다. 떨려서 답변을 아예 못 해 버리면 안타깝지만 점수를 줄 수가 없습니다. 즉 채점 기준안의 항목 중 제시된 조건의 누락, 답변의 논리성 모순 등은 감점 요인이 됩니다.

떨어도 괜찮지만 해야 할 답변은 정신 똑바로 차리고 해내야 합니다.

Q. 사람이 하는 채점인 만큼 수험생의 조건 충족을 놓치는 등의 실수가 존재하지 않나요?

• A. 놓친 부분은 체크해 놓았다가 면접관 3명이 협의하여 해결합니다. 채점 누락은 걱정하지 않아도 될 것 같습니다. 면접관들은 채점 기준을 유심히 보며 평가에 임하기도 하지만 전체적인 것도 아울러 봅니다. 즉 수험생이 답변하는 내용 중 딱 1가지가 조금 부족하다고 무조건 감점을 하는 것은 아니라는 말입니다. 대답해야 할 내용을 어느 정도 충족하고, 유창성·논리성·주제와의 관련성 등을 설득력 있게 답변한다면 좋은 점수를 받을 수 있습니다.

Q. 고사장 편차가 존재하나요?

• A. 최대한 없도록 하기 위해 노력합니다. 면접관들이 평가 전 한곳에 모여 다 함께 평가와 관련된 연수를 받습니다. 채점 기준, 유의 사항 등을 철저히 인식하고 들어가며 공정한 평가를 하기 위해 노력합니다.

다만 면접관 내에서 고득점자와 저득점자의 점수 차이가 클 수 있다고는 생각합니다. 보통 1명의 면접관에게 좋은 점수를 받은 수험생은 나머지 2명에게도 좋은 점수를 받습니다. 반대로 1명의 면접관에게 좋지 못한 점수를 받은 수험생은 나머지 2명에게도 낮은 점수를 받을 확률이 높습니다. 즉, 1명으로부터의 감점이 아닌 3명으로부터의 감점이기 때문에 고득점자와 저득점자의 점수 차이가 생각보다 크게 됩니다.

Q. 평가에 면접관들은 어떤 마인드로 임하시나요?

A. 단언컨대 "후배 교사를 뽑는다"는 마인드로 임합니다. 보통 3명의 면접관은 교장 1명, 교감 1명, 교사 1명으로 구성됩니다(예외도 있다). 즉 모든 면접관들은 평가의 자리가 교육 현장에서 함께할 후배 교사를 뽑는 자리라고 생각합니다. 면접을 준비하며 '나는 선배들이 뽑을 만한 후배 교사인가?'라는 질문에 답해 보시길 바랍니다.

일 잘하고 싹싹한 후배를 뽑는 것이 아니라, 교단에서 잘 적응할 수 있는지, 이 사람이 교사가 되었을 때 행복할지, 올바른 교육을 실현할 수 있을지 등을 살펴봅니다.

Q. 수험생이 가장 하지 말아야 할 실수가 있나요?

A. 심층 면접에서는 교직과 정책에 대한 부정적인 비난이 될 것 같습니다. 논리적이고 근거 있는 비판은 매우 좋습니다. 오히려 논리적인 비판은 현장 정책에 관심을 가지고 장단점을 분석하고 있다고 느껴지며 열정이 느껴집니다. 단점을 어떻게 보완할지까지 함께 제안한다면 완벽한 답변이 될 것이라고 생각합니다. 다만 막무가내의 감정적인 비난은 옳지 않습니다. 어쨌든 교육부와 교육청이 제시하는 정책을 현장에 적용해야 하는 교사이기 때문에 부정적인 비난은 지양합니다. 이러한 태도는 현장 적합성과 업무 수행 태도에 의구심을 품게 하며 감점 요인이 될 수 있습니다.

수업 실연에서는 과도하거나 흔한 수업 언어(집중 구호 등)만 남발하는 것입니다. 이는 아마 수험생들이 만능틀을 공유해서 생기는 폐인인 것 같습니다. 학습 목표나 성취 기준 충족은 뒷전이고 화려한 수업 집중 언어만 남발하는 것은 저득점으로 가는 지름길입니다. 수업 시작 전 구호, 활동 시작 구호 등을 외치는 것은 채점 외의 부수적 요인입니다. 학습 목표와 성취 기준을 목표로 배움이 있는 수업을 이루어 나가는 것이 본질입니다. 면접관들은 수업 내용을 더욱 중점적으로 봅니다. 학생 수준에 의미 있는 배움이 있는 수업인가, 교사–학생 상호작용 과정에 감동이 있는가. 등이 백배 천배 중요합니다. 수업 구호는 가끔 환기용을 사용하는 정도가 적합합니다. 창의적인 수업 도구 도입은 고득점 요소 중에 하나이지만 해당 도구가 반드시 수업과 연관성이 있어야 합니다.

Q. 고득점 학생은 무엇이 다른가요?

• A. 설득력이 있습니다. '좋은 교사가 될 것'이라는 설득력이 있습니다. 해당 수험생이 미래에 현장에서 어떤 수업을 하고 어떤 교실을 꾸려나갈지 그려지면 고득점을 주게 됩니다. 수업에 온전히 몰입하여 수업의 과정이 즐거워 보일 때 마음이 움직입니다. 창의적인 방법을 통해 배움을 끌어가는 학생에게는 고득점을 줄 수밖에 없습니다. 즉 수업 목표 달성과 수업 주제에서 벗어난 잡다한 요소는 제거하고 깔끔한 수업을 하는 것을 지향합니다.

마지막으로 전하고픈 이야기

임용이라는 큰 산을 넘어가고 있는 여러분에게

아마 지금쯤이면 정말 턱 끝까지 숨이 차 있을 것이다. 마지막 힘을 쥐어 짜내며 하루하루를 살아 내고 있으리라 생각한다.

어쩌면 여러분들이 넘고 있는 산등성이 인생의 전부일 것처럼 보이기도 하고, 너무 높아 까마득해 보이기도 할 것이다. 하지만 아니라고, 내 인생의 수많은 과정 중 하나일 뿐이라고 말해 주고 싶다. 내게 전부였던 임용고시라는 터널을 지나 나는 지금 교단에 서 있다. 현장은 또 다른 고민의 연속이고, 교사에서 나아가 '인간 곽도연'으로서도 크고 작은 고민들로 머리를 쥐어뜯고 있는 현재이다.

필자는 초등학교 때부터 꿈이 '초등교사'였다. 중고등학교 때 남들이 진로를 고민할 때 나는 교직관에 대한 고민을 하고 있었다. 이렇게 목표가 뚜렷했던 사람이 꿈을 이루고 나니 과연 평안을 얻었을까? 아니다. 이전에 하지 않았던 진로 고민, 가치관 고민 등을 이제서야 하고 있다.

하지만 그럼에도 자주 행복하다. 어쩌면 이 모든 과정을 우리는 받아들여야 하지 않을까? 삶의 고민에 끝이 있을까? 아마도 우리는 앞으로도 늘 불완전하고 애쓰는 인간으로 살아가지 않을까. 하지만 그럼에도 그 고민과 노력의 끈을 놓치지 않고 이어가는 사람들이 '더 나은 사람'이지 않을까. 그래서 여러분들의 이 모든 과정에 찬사를 보낸다. 포기하지 않고 꾸준히 한 걸음씩 나아가는 모든 발걸음을 존경한다.

애벌레가 번데기의 과정을 거쳐 새로운 형태의 나비가 되는 것처럼 여러분들도 임용의 과정을 거쳐 '교육자'로 거듭날 것이다. 그러니 조금만, 조금만 더 힘을 내라! 부디 애정 어린 나의 응원이 여러분이 힘에 부치는 순간 아주 조금이라도 힘이 될 수 있길. 벌써 아름다운 여러분과 현장에서 함께할 생각에 가슴이 뛰고 있다.

기다리고 있으니 얼른 와 주시길!

현장에서 만납시다!

"내가 어려우면 남들도 어렵다. 정신 똑바로 차리면 돌파구는 있다."

"힘든 시기가 지나가고 좋은 날, 꿈꾸던 목표가 이뤄지는 날이 온다."

"꿈을 향해 나아가고 있는 나의 현재가, 누군가에겐 간절히 바라는 미래이다."

"내가 통제할 수 없는 변수 때문에 괴로워하지 말자."

"적어도 초등 임용에서 노력은 배신하지 않는다."

"마주하지 않은 미래를 내 멋대로 예측하고 불안해하지 말자. 현재에 집중하자."

"내가 지금 해야 할 것을 하자."

"내가 마주할 결과는 나의 삶에서 반드시 필요한 과정이다.

나에게 가장 적합한, 최고의 결과일 테니 양팔을 벌려 온몸으로 마주하자."

"나는 강한 사람이다. 어디 한번 덤벼 봐라."